철학과 마음을 담다
우정욱의 밥

how to use
책의 사용법

1. 책에서 설명하는 계량의 기본. 컵은 200ml, 스푼은 1큰술=15ml, 1작은술=5ml이다.
2. 완성 분량은 4인분 기준으로 고려했지만 4인분, 혹은 2인분으로 적당한지는 어디까지나 제안에 가깝다. 몇 가지 요리를 여러 사람이 함께 즐기는 경우라면 기준이 달라질 수 있다.
3. '한 그릇 음식'에서 소개한 파스타 종류는 면과 소스의 양을 모두 1~2인분 기준으로 정리했다.
4. 기본 육수(맛국물)는 p.210를 참고해 만들도록 했다. 멸치 육수를 기본으로 사용하지만, 다른 요리에 등장하는 몇 가지 육수(맛국물)들도 활용해 보면 맛의 차이를 확연히 느낄 수 있다.
5. 요리에 필요한 기본 수제 소스는 p.95에 소개해두었다.
6. 양념 중 가장 많이 사용하는 맛간장인 다마리간장은 p.94를 참조해 만들도록 했다.
7. 기름은 사용한 종류에 따라 표기했다. 올리브 오일을 사용하는 경우와 해바라기씨 오일을 사용하는 경우 등은 별도로 기입해두었다. 튀김 기름은 일반 식용유를 사용하는 것을 기본으로 했다.

우정욱의 밥

과 을 다
학 음
철 마
담

Contents

prologue
가족 입맛이 키운 요리 전문가 008

essay
만남을 여는 음식 016
마음과 태도 056
와인 096
통로 142
그릇 166
밑반찬 선물 212
밥짓기 232
도시락 260
SUPERPAN 300

info.
양념과 소스 092
육수(맛국물) 208
도구 320
Index 326

• Signature Menu

1 appetizer
시작 음식으로 입맛 돋우다

그릴드 버섯샐러드 018
콩나물해물겨자채 020
청포묵편육냉채 022
흑임자더덕드레싱 닭고기샐러드 024
월도프샐러드 026
명란감자김치무침 027
프레시 시저샐러드 028
소고기 토마토절임 샐러드 030
니수아즈샐러드 032
요구르트드레싱 콜드파스타 034
관자를 얹은 곡물샐러드 036

로스편채 038
셀러리숙주전 040
참치다다키와 아보카도 042
망고와 가지카르파초 044
채소스틱과 안초비소스 048
대저토마토와 부라타치즈 049
유자소스 영양냉채 050
양장피잡채 052
안초비소스 버섯볶음 054

2 main dish
메인 요리, 식탁을 완성하다

매운갈비찜 060
떡갈비 062
동파육 064
연저육찜 066
감장유소스 돼지고기냉채 068
항정살 고추장오븐구이 070
데리야키치킨과 발사믹버섯 072
돼지갈비강정 074
굴튀김버섯볶음 076
너비아니삼합 078
블랙빈소스 소고기볶음 080
멘보샤 082
호부추잡채와 꽃빵 084
경장육사 086
민어조림 088
스키야키 090

3 one-dish meal
한 접시 요리를 함께 나누다

햄버그스테이크 100
굴라시 102
커피프렌치토스트 104
궁중떡잡채 108
우엉잡채 110
가자미솥밥 112
구운버섯솥밥 114
콩나물낙지덮밥 118
라구파스타 120
소고기감자그라탱 122
라자냐 124
발사믹 미트볼 126
우니파스타 128
버섯소스파스타 130
안초비시소파스타 132
오징어먹물 묵은지 문어리소토 134
치킨도리아 136
카레우동 138
가츠샌드 140

4 soup & rice porridge
따뜻한 수프, 또는 죽 한 그릇

모둠버섯 맑은 수프 146
시금치새우수프 148
산라탕 150
완두콩수프 152

치킨차우더 153
감자치즈수프 154
프렌치어니언수프 156
전복죽 158
명란죽 159
단호박녹두죽 160
팥죽 162
황태연두부죽 163
민어죽 164

해물깡장 194
민어고추장찌개 196
대구지리 198
백합어묵탕 200
오징어찌개 202
배추해물만두탕 203
불고기낙지전골 204
뚝배기불고기 206

• **Homemade Meal**

5 Korean soup & stew
맛에 다채로운 리듬감을 선사하다

소고기미역국 176
양지머리뭇국 178
무토장국 179
황탯국 180
시금치콩나물국 181
감잣국 182
가지냉국 183
배추속대국 184
냉이얼갈이국 185
김치찌개 186
멸치된장찌개 188
청국장찌개 189
감자차돌박이 고추장젓국 190
순두부찌개 191
백명란두부찌개 192

6 side dish: vegetable
건강의 원천은 채소반찬이다

깻잎장아찌 216
들기름깻잎찜 216
우엉연근조림 218
생땅콩조림 219
흰콩다시마조림 220
무조림 221
김치들기름찜 222
약고추장 223
김치전 224
애호박채전 225
견과류멸치볶음 226
잔멸치강정 226
더덕구이 228
오징어진미채 234
마른새우볶음 235
오징어도라지무침 236
무말랭이무침 238
냉이바지락무침 239

얼갈이된장무침 240
공심채볶음 241
구운가지 소고기무침 242
미역줄기 김치게살무침 244
고구마순 들깨무침 245
대보름나물 246
(건가지나물, 건호박나물, 건고사리나물, 무나물,
도라지나물, 콩나물무침, 시금치나물, 시래기나물)
무시래기비빔밥 250
비름나물 고추장무침 252
호박새우젓나물 253
여름 초나물냉채 254
아삭 감자조림 256
알곤약 어묵볶음 257
달걀말이 258

차돌박이두부찜 278
바싹불고기 280
LA갈비 282
소고기가지찜 283
육전 284
오삼불고기 286
맥적 288
핫윙 290
제육볶음 291
닭불고기 292
닭봉강정 294
닭갈비 296
찜닭 298

7 side dish: fish·seafood·meat
생선·해물·고기 반찬으로
호사스러운 한 끼

오징어마조림 264
수제 꽁치통조림 266
미소고등어조림 268
낙지초무침 269
병어조림 270
꽃게장 271
전복초 272
어리굴젓 273
황태찜 274
장똑똑이 276
양송이버섯 소고기장조림 277

8 kimchi
깔끔하고 시원하게 담근다

석박지 306
배추김치 308
백김치 310
오이소박이물김치 312
오이맛고추김치 314
열무김치 316
알타리무김치 318

epilogue
내 틀을 조금씩 깨가는 시간 324

prologue

가족 입맛이 키운
요리 전문가

요리하는 것을 즐겼던 어머니 밑에서 자라 어릴 적부터 항상 먹거리가 많고 새로운 음식에 대한 관심도 컸다. 우리 형제들은 여느 집과 달리 유독 먹성 좋기로도 유명했다.
2대 서울 토박이이신 친정어머니는 외할머니에게서 '단정하고 정갈한' 음식 만드는 법을 배우셨다. 평소 반찬을 많이 만들어 변화 있는 식단을 꾸리고, 과자 하나도 종일 미니 토스트 오븐에 구워 저장하셨다. 덕분에 우리 가족은 늘 함께 식탁에 둘러앉아 다양하고 맛있는 집밥을 즐겼고, 이런 식문화가 삶에서 중요함을 배우며 커왔던 것 같다. 단지 항상 한식 차림 밥상은 아니었다. 어머니는 요리 자체에 대한 흥미와 아이디어가 넘치셨던 분이다. 당시 우리 집에서만 맛볼 수 있던 카레라이스와 궁중떡볶이는 친구들에게 부러움의 대상이었고, 미식가인 친정아버지는 주말마다 새로운 식당으로 가족을 데리고 다니셨다. 언젠가 딸들 남자친구가 좋은 곳을 데려가도 놀라지 말라고 말이다.
대학 시절 한 달 동안 농촌봉사로 단체 생활을 하던 때부터 나는 부엌을 자원해 겁도 없이 '규모 있는 음식들'을 만들기 시작했다. 직장생활 5년 동안은 다양한 파티를 주관하는 일도 즐겼다. 그런 뒤 결혼을 했는데, 일상생활 문화가 너무도 달랐다. 홀시아버지를 중심으로 온 가족이 정말 자주 모였다. 1년에 3~4번 30명 대식구를 맞는 것도 내 일이 되었고, 사실 이때 대단한 실력자였던 것도 아니나 계속하니 자연스럽게 '내가 제일 좋아하고 잘하는 일'로 자리 잡아갔다. 그런 의미에서 첫째, 요리는 훈련이고 연습이다. 물론 싫은 훈련을 억지로 했다면 참 불행했겠지만 다행히도 음식 만드는 일이 참 자연스럽고 재미있고, 더 잘하고 싶은 의지와 기쁨이 있었다. 특히 내 훈련 결과에는 시아버님 입맛도 매우 큰 몫을 했다. 맛에 대해 매우 세심하고 정확한 분이어서 언제 뭘 차려도 '초집중'을 하다 보니 정교한 음식을 만드는 것이 내 생활 일부가 되었다. 솜씨도 확연하게 늘었다.
이렇듯 요리는 결혼생활을 계기로 당연한 일상이 되었다. 조금 특별한 점은 3~4인분보다는 '통 크게' 요리하는 법에 더욱 익숙해져 있었다. 집들이만 15번 치르고 30명 모임 정도는 아무 일 아니다 보니 손님 초대에도 자신감이 붙었고, 이것이 다양한 지인들을 집으로 불러 집에서 밥을 차려 먹이는 계기가 되었다. 친구와 남편 직장 동료, 교회 사람 등등 부르기도 정말 많이 불러서 한 주에 3일 정도는 항상 모임 자리가 생겼다. 이 시기였다. 내 요리를 맛본 많은 지인이 '요리 한번 가르쳐보면 어떻겠냐'라고 조언했는데, 이것이 대치동 집에서 요리 레슨을 시작한 계기이자 10년간 '대치동 요리 선생'으로 유명해진 사연이다.

맛의 경험, 경험의 맛

내가 차려내는 음식 맛에는 다양한 세월의 경험이 담겼다.
'아는 만큼 보인다'라는 말은 세상 모든 지식과 통하는 이치고, 제대로 아는 순간 지혜가 생겨난다. 내 경우에는 맛과 요리 분야에서 그와 같은 과정을 거친 듯하다. 음식을 학문적으로, 또는 일로 접근하며 지식을 얻는 일도 존경하지만 '경험'으로 좋은 맛을 얻는 것은 풀어내는 방식이 달라지는 문제다.
그 경험은 세 가지가 아닌가 싶다.
먹은 경험, 만든 경험 그리고 차려낸 경험. 어릴 적에는 요리를 좋아하는 어머니 집밥도 있었지만 아버지가 정말 많은 음식점을 데리고 다니셨다. 그 덕분인 듯하다. 나이가 들고 한식의 매력을 알게 된 이후로도 '맛의 트렌디함'을 꽤 중요하게 생각한다.
결혼 후에는 대가족 집안에서 이른바 '요리 수행' 시간을 보내며 만드는 경험을 진득이 겪었다. 요리가 즐거운 사람이니 그만큼 실력도 늘었음은 인정한다. 가족 외의 지인들을 불러 식사를 함께하는 일이 잦아지면서 매번 즐겁게 상을 차렸다. 이 시간들이 모여 20여 년의 세월이 되었다. 스스로도 이유가 궁금했지만 '어째서 내 요리를 맛있다고 인정해줄까'에 대한 답은 한 가지다. 늘 한결같은 마음으로 요리하는 것. 일로 요리를 접하지만 집에서도 끊임없이 가족을 위해 상을 차리고, 맛있는 음식을 만들어 지인들과 함께 나눈다. 어찌 보면 일상에서 요리를 놓지 않는 것이 진정한 손맛을 키우는 비결이 아닐까. 그리고 또 한 가지. 식상한 이야기지만 진리다. 별다른 조미료를 사용하지 않아도 정 혹은 정성으로 차린 음식은 우리가 강조하는 신선 재료의 가치를 뛰어넘기 마련이다. 그 자체로 최상의 조미료가 된다. 책에 소개하는 요리, 우정욱식 메뉴들은 어딘가에서 영감을 받아 '무에서 유를 창조한' 레시피라고 말하지 않는다. 모두 직접 경험하고 감탄한 맛이 기반이 된다.

Signature Menu

내 요리를 맛보는 모든 지인은 보배로운 손님이다.
그러나 내가 누군가를 위해 차려내는 음식은,
대단한 공이라기보다 늘 일상의 연장선에 있다.
경험으로 깨달은 좋은 맛에
대접하는 기쁨에서 우러나는 정성이 더해진다.
그렇게 우리가 밥을 나누는 사이,
자연스레 마음도 나눈다.
이것이 음식 먹는 재미이자 요리의 가치다.

appetizer

시작 음식으로 입맛 돋우다

몇 가지 요리로 지인을 맞을 때
시작 음식으로 내는 것은 주로 샐러드와 냉채 종류이다.
이들의 역할은 신선한 재료 맛을 즐기며 메인 요리 전
식욕을 한층 북돋워주는 것이다.
한편으로, 바로 치우지 않고 테이블에 둔 채
메인 요리와 함께 먹을 수 있는 음식을 선호한다.

만남을 여는 음식

부부 둘이 살다 보니 여유만 생기면 집으로 지인들을 불러 식사를 즐긴다. 이제 너무 익숙한 일상이 되었지만, 크고 작은 모임이 있을 때마다 메뉴 리스트를 정해 요리하는 데에는 나름의 확고한 법칙이 생겼다. 여기서 중요하게 생각하는 것이 바로 '시작 음식' 이다. 모여 앉은 자리에 가장 먼저 내는 요리로 '애피타이저'라고 생각해도 되고 개념을 좁혀서 샐러드 메뉴로 생각할 수도 있다.

나는 이 한 품, 즉 첫 시작 요리가 왠지 가장 큰 역할을 담당한다고 생각한다. 모임의 즐거움은 맛에 대한 이야기로 시작하는 경우가 대부분이기 때문이다. 게다가 시작 음식은 기능적인 중요성도 지닌다. 한두 가지 음식을 맛보며 분위기가 무르익는 동안 요리하는 사람은 이어지는 메인 음식을 여유로운 마음으로 준비할 수 있다. 주로 입맛 돋우는 샐러드, 냉채류를 선택하는 일이 많은데, 이때 고려하는 것은 테이블에 오래 두어도 맛이 변하지 않아야 한다는 점이다. 즉 메인 요리를 낸 뒤에도 계속 함께 먹을 수 있는 한두 품의 선정이 내 시작 음식의 정답이다.

그릴드 버섯샐러드

취향에 따라 고른 버섯을 마리네이드한 뒤
그릴 팬에 구워 발사믹 드레싱에 버무린 샐러드.
와인과 특히 잘 어울리는 메뉴다.

재료

각종 버섯
(양송이버섯 4개, 생표고버섯 4개,
느타리버섯 100g, 새송이버섯 2개,
황금송이버섯 1/2팩),
(마리네이드 오일:
올리브 오일 3큰술,
로즈메리 1작은술, 타임 약간,
소금·후춧가루 약간씩)
양파 1/3개
껍질콩 약간
아스파라거스 2대
샐러드 채소
(루콜라, 프리셰 등) 적당량
그라나 파다노 치즈 적당량
구운 잣 적당량

*발사믹 드레싱
다진 양파 2큰술
다진 마늘 1작은술
다진 바질 1큰술
꿀 1큰술
올리브 오일 3큰술
발사믹 졸인 것 1큰술(1/2~1/8컵)
씨겨자 1/2큰술
소금·후춧가루 약간씩

만드는 법

1. 각종 버섯은 흐르는 물에 씻어 준비하고, 생표고버섯은 밑동을 떼어내고 굵게 썬다.
2. 분량의 재료를 섞은 마리네이드 오일에 ①의 버섯을 넣어 20분간 재운다.
3. 재운 버섯은 그릴에서 센 불로 익힌다.
4. 양파는 슬라이스한다. 아스파라거스는 4cm 길이로 썰어 살짝 볶는다. 껍질콩도 볶아둔다.
5. 샐러드 채소는 깨끗이 씻어 먹기 좋은 크기로 준비한다.
6. 분량의 재료를 한데 넣고 잘 섞어 발사믹 드레싱을 만든다.
7. 드레싱에 구운 버섯을 모두 넣어 무친다. 샐러드 채소와 함께 담은 뒤 오일을 뿌리고, 그라나 파다노 치즈를 갈아 뿌려 낸다.
8. 맨 위에 구운 잣을 뿌려 완성한다.

Tip. 잣은 기름이 나오므로, 팬에서 약불로 노릇하게 구워 뿌려주면 고소한 맛이 한층 강해진다.

콩나물해물겨자채

콩나물을 살짝 데쳐 아삭한 식감을 살리면서
해물과 겨자 소스를 더해 즐기는 시원한 냉채.

재료

콩나물 300g
생표고버섯 4개
새송이버섯 1개
백만송이버섯 1/3팩
소고기(불고깃감) 100g
(무침 양념: 참기름,
다마리 간장 약간씩)
칵테일 새우 7~8마리
오징어 1/2마리

*냉채 소스
고추기름 1큰술
간장 2큰술
식초 3큰술
연겨자 1/2큰술
설탕 1/2큰술
매실청 1작은술
다진 마늘 1/2작은술

만드는 법

1. 콩나물은 아삭한 식감이 살도록 살짝 데쳐 얼음물에 헹군 뒤, 체에 밭쳐 물기를 제거한다.
2. 생표고버섯은 가늘게 채 썰어 맛간장 1큰술을 넣고 볶는다. 새송이버섯은 길쭉하고 얇게 썬다. 백만송이버섯은 밑동의 딱딱한 부분을 떼어내고 원하는 크기로 찢어둔다.
3. 소고기는 참기름, 다마리 간장으로 무쳐둔다.
4. 칵테일 새우와 링 모양으로 썬 오징어는 각각 끓는 물에 살짝 데친다.
5. 데친 새우, 오징어를 얼음물에 담가 차갑게 한 뒤 물기를 제거한다.
6. 분량의 재료를 한데 섞어 냉채 소스를 만든다.
7. 큼직한 볼에 ①~⑤의 재료를 모두 넣고, 냉채 소스를 부어 골고루 버무려 완성한다.

Tip. 연겨자는 움트리의 강겨자 제품을 사용하면 톡 쏘는 듯한, 매우 산뜻한 매콤한 맛을 즐길 수 있다.

청포묵편육냉채

아롱사태 편육이 들어가 한층 고급스러운 재료의 조합이 돋보이는 묵무침.

재료

청포묵 100g
아롱사태 편육 100g
생표고버섯 2개
(재움 양념: 간장 1큰술,
설탕 1작은술, 맛술 1작은술,
다진 파·다진 마늘·
참기름·후춧가루 약간씩)

미나리 1/4단
숙주 50g
달걀지단 (달걀 1개 분량)

*초간장
간장 2큰술
식초 1큰술
유자청 1큰술
마늘 1작은술
다진 파 1/2큰술
통깨· 참기름 1/2큰술씩

만드는 법

1. 청포묵은 통째로 투명해질 때까지 데친다. 물기를 제거한 뒤 0.1cm 두께로 썰어 참기름에 무친다.
2. 아롱사태는 40분을 삶은 뒤 20분간 뜸 들인다. 차갑게 식혀 청포묵 크기에 맞춰 결대로 썰어둔다.
3. 생표고버섯은 얇게 채 썰어 재움 양념에 재운 뒤 볶아둔다.
4. 깨끗이 씻은 미나리와 숙주는 각각 소금을 넣어 끓인 물에 넣고 살짝 데친다. 얼음물로 헹군 뒤 물기를 꼭 짜고, 미나리는 4cm 길이로 썰어 준비한다.
5. 달걀흰자, 노른자로 달걀지단을 만든다.
6. 분량의 재료를 잘 섞어 초간장을 만든다.
7. 청포묵과 ②~④의 재료를 한데 넣고 초간장에 무친다.
8. 접시에 담고 달걀지단을 올려 마무리한다.

Tip. 아롱사태는 지방이 적고 콜라겐이 가득한 고급 사태 부위다. 오랜 시간 푹 삶아 수육을 만들면 다른 부위보다 훨씬 쫀득한 맛을 즐길 수 있으며 육회용, 소금구이용으로 선택해도 맛있다.

흑임자더덕드레싱
닭고기샐러드

향과 맛이 짙은 더덕을 흑임자, 플레인
요구르트와 함께 갈아 만든 고소하고 상큼한
드레싱이 입맛을 살려주는 건강 샐러드.
모임 요리의 스타트 음식으로
두루 잘 어울리는 풍미를 지녔다.

재료

닭 가슴살 100g
취청오이 1/2개
두릅 3개
백만송이버섯 적당량
참외(씨 부분 제거) 1/4쪽
파프리카 1/2개
연근튀김 약간
소금·후춧가루 약간씩
올리브 오일 적당량

***흑임자더덕 드레싱**

흑임자 2큰술
더덕 80g
플레인 요구르트 3큰술
생수 1큰술
레몬즙 1큰술
꿀 1큰술
식초 2큰술
올리브 오일 4큰술
레몬 1/2개(제스트용)

만드는 법

1. 닭 가슴살은 소금, 후춧가루, 올리브 오일에 30분 정도 재운다. 이것을 달군 프라이팬에 노릇하게 구운 뒤 찢어서 준비한다.
2. 오이는 반으로 썰어 씨를 제거한 상태에서 다시 얇게 썰어 소금에 절인다. 물에 헹궈 짠기를 빼서 물기를 꼭 짜둔다.
3. 밑동을 손질해 씻은 두릅은 끓는 소금물에 살짝 데쳐 물기를 제거한다.
4. 백만송이버섯은 밑동을 잘라내고 소금, 후춧가루로 살짝 간한 뒤 가볍게 볶는다.
5. 참외는 얇게 저며 썰고, 파프리카는 3cm 정도 길이로 채 썬다.
6. 두릅은 끓는 물에서 뒤적거리며 30초간 데친다.
7. 연근은 껍질을 벗기고 얇게 썰어 식촛물에 담갔다가 물기를 제거한 뒤 기름에 노릇하게 튀긴다.
8. 분량의 재료를 믹서에 모두 넣고 갈아 흑임자더덕 드레싱을 만든다.
9. 준비한 ①~⑥의 재료를 골고루 무쳐 그릇에 담는다.
10. 연근튀김을 올려 완성한다(없으면 생략할 것). 흑임자더덕 드레싱을 붓으로 칠하듯 깔고, 무친 샐러드를 얹어준다.

Tip. 닭 가슴살을 올리브 오일과 허브에 미리 재워두면 육질이 부드러워진다. 샐러드 요리의 메인 식재료로 가슴살을 사용할 때에도 좋은 방법이다.
레몬 껍질을 가늘게 벗겨 사용하는 레몬 제스트는 그레이터, 또는 칼로 가늘고 얇게 채 썰어 사용한다. 만들기 전 베이킹소다를 넣은 물에 담근 뒤 굵은소금으로 문질러주며, 껍질의 흰 부분은 함께 벗겨내지 않도록 한다.

월도프 샐러드

뉴욕 '월도프 아스토리아 호텔' 주방에서 탄생한 샐러드. 현지에서는 일반적으로 즐겨 먹는, 클래식한 스타일의 맛이 매력적이다.

재료 닭 가슴살 2개(100g) (삶는 재료: 양파 1/4개, 대파 1/2대, 통후추 적당량), 사과 1/6개 레몬즙 1큰술, 셀러리 2대, 캐슈넛 2/3컵, 크랜베리(또는 건포도) 1/3컵
* **크림 치즈 드레싱** 마요네즈 2큰술, 크림치즈 1큰술, 플레인 요구르트 2큰술, 레몬즙 2큰술, 꿀 1큰술

만드는 법
1. 냄비에 닭 가슴살을 넣고 잠길 정도로 물을 붓는다. 여기에 양파, 대파, 통후추를 넣고 15분 정도 삶은 다음 적당한 크기로 찢어준다.
2. 사과는 작은 크기로 깍둑썰기 해 레몬즙을 뿌려둔다. 셀러리는 반으로 갈라서 어슷 썬다.
3. 마른 팬을 달궈 캐슈넛을 굽는다.
4. 분량의 재료를 잘 섞어 크림 치즈 드레싱을 만든다.
5. 모든 재료를 소스에 넣고 골고루 섞어 완성한다.

Tip. 너트류는 기름 없는 팬이나 180℃의 오븐에서 5분 정도 구워 사용하면 더욱 고소하다.

명란감자김치무침

냉동 백명란과 김치만 어우러져도 이색적인 요리 스타일로 맛이 업그레이드되는
심플 감자 샐러드.

재료

감자 2개, 잘 익은 김치 100g, 백명란 80g, 쪽파 5뿌리
*무침 양념 마요네즈 3큰술, 참기름 1큰술, 설탕 1작은술, 소금 1작은술, 후춧가루 약간,
검은깨 약간

만드는 법

1. 감자는 2cm 크기로 깍둑썰기 해 찜통에 넣어 20분간 찐 뒤 한김 날려 준비한다.
2. 김치는 1×1cm 크기로 작게 송송 썬다.
3. 백명란은 알만 발라놓는다.
4. 쪽파는 송송 다진다.
5. 분량의 재료를 잘 섞어 무침 양념을 만든다.
6. 볼에 찐 감자, 송송 썬 김치, 알만 바른 명란을 함께 넣고 양념으로 살살 무친 다음 마지막에 쪽파를 뿌려 낸다.

Tip. 냉동 상태의 명란은 칼집을 내서 껍질을 벗기면 훨씬 간편하게 벗겨진다.

프레시 시저샐러드

시저 드레싱과 채소, 감칠맛 넘치는
치즈와 토마토가 어우러진,
심플하지만 격 높은 풍미의 샐러드.

재료

버터레터스 150g(2뿌리 정도)
베이컨 50g
치아바타 1개(크루통)
파르미자노 레자노 치즈
(또는 그라나 파다노 치즈) 적당량
선드라이드 토마토 1/4컵

*시저 드레싱
다진 양파 2큰술
다진 안초비 3개 분량
달걀노른자 1개
레드 와인 식초 2큰술
발사믹 식초 1작은술
다진 마늘 1작은술
파르메산 치즈(파우더) 20g
엑스트라버진 올리브 오일 150ml
소금·후춧가루 약간씩

만드는 법

1. 버터레터스는 깨끗이 씻어 물기를 제거한다.
2. 베이컨은 0.3cm 폭으로 잘라 노릇하게 구운 뒤 기름을 빼둔다.
3. 치아바타 빵으로 크루통을 만든다. 올리브 오일 1큰술, 버터 1큰술, 갈릭 파우더 1작은술, 치즈가루 1큰술을 발라 200℃로 예열한 오븐에서 7~8분 정도 굽는다. 식힌 뒤 한입 크기로 먹기 좋게 뜯어 큼직한 크루통을 만든다.
4. 시저 드레싱을 만든다. 우선 커터에 다진 양파와 안초비, 달걀노른자, 레드 와인 식초, 발사믹 식초, 다진 마늘, 파르메산 치즈를 분량대로 넣고 갈아서 섞는다. 마지막으로 올리브 오일을 조금씩 넣으며 잘 섞어준 뒤 소금, 후춧가루로 간을 맞춘다.
5. 준비한 샐러드 재료를 시저 드레싱에 무쳐 접시에 푸짐하게 올린다. 여기에 선드라이드 토마토와 크루통을 곳곳에 올린 뒤, 하드 치즈(파르미자노 레자노 치즈)를 갈아서 듬뿍 뿌려준다.

Tip. 선드라이드 토마토는 시판 제품을 사용하면 간편하지만, 집에서 직접 만든다면 130~140℃로 예열한 오븐에 방울토마토를 넣어 3시간 정도 앞뒤로 뒤집어가며 굽는다. .

소고기 토마토절임 샐러드

껍질 벗겨 매실청과 꿀, 레몬즙에 절인 토마토는 단맛이 극대화된다. 차갑게 먹을수록 더욱 맛있는 건강한 샐러드.

재료

소고기(불고깃감) 200g
다마리 간장 1큰술
토마토 1개
(재움 양념: 매실청 1큰술,
꿀 1작은술, 레몬즙 1큰술)
적양파 1/4개
오이맛 고추 2개
참외 1/4개
루콜라 적당량
올리브 오일 적당량

*소스

올리브 오일 2큰술
간장·식초 1½큰술씩
다진 마늘 1작은술
유자청 1/2큰술
소금·후춧가루 약간씩

만드는 법

1. 토마토는 십자로 칼집을 낸 뒤 끓는 물에 데쳐 껍질을 벗긴다.
2. 분량의 재료로 만든 재움 양념에 토마토를 넣어 3시간 이상 재운다.
3. 토마토 위쪽으로 칼집을 넣은 뒤 벌려 그릇 형태로 만든다.
4. 소고기는 불고깃감으로 준비해 다마리간장 1큰술을 넣고 재빨리 볶아 식힌다.
5. 양파는 곱게 채 썰어 찬물에 담가두고, 고추도 얇게 채 썬다. 껍질 벗긴 참외는 살만 얇게 썬다.
6. 분량의 재료를 잘 섞어 소스를 만든다.
7. 접시에 양파채를 깔고 위에 ③의 토마토를 올린다. 속에 식힌 소고기를 듬뿍 채워 넣고 채 썬 고추, 소스, 참외, 루콜라 순으로 올려준다.
8. 올리브 오일을 듬뿍 뿌려 낸다. 나이프로 잘라서 함께 곁들인 채소와 섞어 먹는다.

2

7

Tip. 여름 제철 과일인 참외는 샐러드 재료로 이용해도 매우 맛있다.

니수아즈샐러드

프랑스 남부 니스(Nice) 지역에서 즐겨 먹는 샐러드. 참치, 안초비, 토마토, 삶은 달걀, 올리브 등의 재료를 풍성하게 담은 뒤 비네그레트 드레싱을 뿌려 만든다.

재료

통조림 참치 1캔(200g)
레몬 1/4개
달걀 2개
토마토 2개
아보카도 1개
안초비 5마리
샐러드 채소(교나, 프리셰) 100g
리코타 치즈 100g
케이퍼 적당량

*비네그레트 드레싱
올리브 오일 5큰술
레몬즙 2큰술
설탕 2큰술
화이트 와인 비네거 1½큰술
씨겨자 1큰술
소금·후춧가루 약간씩

만드는 법

1. 통조림 참치는 체에 밭쳐 기름을 제거한 뒤 레몬즙을 뿌려둔다.
2. 달걀은 8분 정도 반숙으로 삶아 2등분한다.
3. 잘 익은 토마토는 꼭지를 떼고 웨지로 8분등한다.
4. 아보카도는 반을 갈라 씨를 빼고 껍질을 벗긴 다음, 사방 1cm 크기로 깍둑 썬다.
5. 안초비는 가늘게 쭉쭉 찢는다.
6. 샐러드 채소(교나, 프리셰 등)는 얼음물에 헹궈 물기를 제거해둔다.
7. 분량의 재료를 한데 넣고 골고루 섞어 비네그레트 드레싱을 만든다.
8. 넓은 접시에 준비한 재료들을 풍성하게 둘러 담은 뒤, 리코타 치즈를 숟가락으로 떼어내어 군데군데 얹어 준다.
9. 드레싱을 따로 담아내고, 먹기 직전에 뿌려 섞는다.

Tip. 통조림 참치는 기름을 완전히 제거한 뒤 레몬즙을 뿌려두면 비린내를 제거할 수 있다.

요구르트 드레싱 콜드파스타

엔젤헤어 파스타는 한국 소면과도 비슷한 굵기와 식감으로, 콜드 파스타 요리에 사용하면 매우 잘 어울린다.

재료

엔젤헤어 파스타 면 50g
칵테일 새우 10마리(작은 것)
관자(패주) 50g
오징어 1/2마리
당근 50g
양파 1/4개
꽈리고추 5개

*요구르트 드레싱
플레인 요구르트 4큰술
마요네즈 2큰술
레몬즙 1큰술
화이트 와인 1큰술
화이트 와인 비네거 1큰술
꿀 1큰술
날치알 1큰술
소금·후춧가루 약간씩
레몬 제스트 약간

만드는 법

1. 물 2L에 소금 2큰술을 넣고 끓인 뒤 엔젤헤어(카펠리니)를 넣고 2분간 삶는다. 건진 면은 얼음물에 잠시 담갔다 꺼내 체에 밭친다. 올리브 오일을 조금 넣고 섞어 냉장고에 넣어둔다.
2. 칵테일 새우는 끓는 물에 가볍게 데쳐 얼음물에 넣었다 빼 물기를 제거한다.
3. 관자는 겉면의 막을 제거하고 끓는 물에 데쳐 얇게 썬다.
4. 손질한 오징어는 몸통 부분을 얇은 링 모양으로 썬다. 찬물에 넣고 끓이면서 데치다가, 표면이 불투명해지면 바로 얼음물에 넣고 차갑게 식혀 부드러운 상태로 만든다.
5. 당근은 아주 가늘게 채 썬다. 양파는 곱게 채 썰어 찬물에 잠시 담가 매운맛을 뺀다. 꽈리고추는 얇게 어슷 썬다.
6. 각각의 재료 모두 냉장고에 넣어 차갑게 한다.
7. 분량의 재료를 한데 넣고 잘 섞어 드레싱을 만든다.
8. 큼직한 플레이트에 ①의 면과 해산물, 채소를 한데 얹어 드레싱과 함께 낸다. 면과 재료에 드레싱을 부어 골고루 버무려 먹는다.

Tip. 콜드 파스타는 시간이 지나도 본연의 맛을 유지하는 만큼 파티 음식으로 내기에 좋다.

관자를 얹은 곡물샐러드

일상 한 끼 식사로도 더없이 훌륭하고 맛있는 샐러드. 각종 곡물이 풍성하게 들어가 다이어트식으로도 먹기 좋다.

재료

다양한 곡물
(흰색·적색 퀴노아 50g,
흑보리 50g, 병아리콩 30g,
서리태 30g. 키드니빈 30g)
적양파·그린빈 약간씩
방울토마토 4개
관자 2개
버터 적당량
구운 빵가루 적당량
올리브 오일 적당량

*드레싱
화이트 와인 비네거 2큰술
레몬즙 1큰술
올리브 오일 3큰술
꿀 1작은술
소금·후춧가루 약간씩

만드는 법

1. 준비한 곡물은 각각 중불에서 15~20분 정도씩 삶아 식힌다.
2. 적양파는 곱게 채 썰고, 그린빈은 2cm 길이로 짧게 썬다. 방울토마토는 4등분한다.
3. 달군 팬에 버터를 두르고 겉면의 막을 제거한 관자를 올려, 겉면이 노릇한 색이 나도록 살짝 구워준다.
4. 빵가루는 버터를 두른 팬에서 바삭하게 볶는다.
5. 분량의 재료를 한데 섞어 드레싱을 만든다.
6. 관자를 제외한 모든 곡물과 채소를 드레싱에 넣고 섞어 볼에 담는다. 여기에 구운 관자를 올린 다음 구운 빵가루를 뿌린다. 올리브 오일도 함께 뿌려서 낸다.

Tip. 각종 곡물은 20분 정도 삶아야 씹는 맛이 적당히 좋아진다.

로스편채

한식당 한우리에서 먹어보니, 여름에 냉동실에서 꺼내 썰기만 하면 만족스러운 한 접시 식사가 되었다. 이를 응용해 내 방식대로 만든 메뉴다.

재료

소고기(꾸릿살) 600g
(재움 장: 간장 1컵,
설탕 80g, 사과 1/2개,
레몬 1/2개, 미림 2큰술,
물 1/4컵, 대파 1대, 마늘 5톨)
양파 1개
깻잎 20장
영양부추 50g
래디시 1개

*간장겨자 소스
재움장 1/3컵
연겨자 1작은술
참기름 1/2작은술
통깨·실파 약간씩

만드는 법

1. 소고기는 핏물을 빼고 가스불에서 겉면만 직화로 굽는다. 이어서 250℃로 예열한 오븐에 넣어 40분 정도 굽는다.
2. 구운 고기를 흐르는 물에 헹군다. 필요 없는 육즙을 제거하기 위한 것이다.
3. 재움장을 만든다. 우선 사과, 레몬을 제외한 재료를 분량대로 냄비에 넣고 끓인다. 끓으면 불을 끄고 여기에 슬라이스한 레몬, 사과를 넣어 우린다.
4. ②를 끓인 재움장에 담가 간이 배도록 6시간 정도 냉장고에 넣어둔다.
5. 양파와 깻잎은 곱게 채 썰고, 영양부추도 3~4cm 정도 길이로 썬다. 래디시는 얇게 저민다. 이들을 모두 함께 골고루 버무려둔다.
6. 분량의 재료를 섞어 간장겨자 소스를 만든다.
8. ④는 진공포장 해 냉동실에 넣어 살짝 얼리고, 먹기 전에 칼로 가능한 한 얇게 썬다. 간장겨자 소스, 채소 버무림과 함께 낸다.

Tip. 소고기 덩어리를 가스불에 겉면만 직화해 구우면 고기의 풍미가 강해진다.

셀러리숙주전

닭고기와 셀러리, 새우와 숙주. 이들의 조합이 일상 전에서 느끼지 못한 풍미를 끌어낸다.

재료

숙주 300g
셀러리 2대
닭 안심 50g
새우 50g
참기름·후춧가루 약간씩
밀가루 적당량
달걀 2개
식용유 적당량

만드는 법

1. 숙주는 깨끗이 씻어 끓는 물에 살짝 데친 뒤 찬물에 헹궈 물기를 제거한다.
2. 셀러리는 얇게 편으로 썬다.
3. 닭 안심은 반으로 저민 뒤 셀러리처럼 얇게 저며 썬다.
4. 새우는 씻어서 머리, 꼬리를 제거하고 껍질을 벗겨 닭 안심과 비슷한 크기로 썬다.
5. 닭 안심과 새우는 참기름을 두르고 후춧가루를 넣어 버무려둔다.
6. 볼에 ①~⑤의 재료를 한데 넣고, 밀가루와 푼 달걀을 넣어 골고루 섞는다.
7. 달군 팬에 기름을 넉넉히 두른 뒤 반죽을 작은 크기로 떠서 올리고 앞뒤로 지진다.

Tip. 셀러리와 닭고기는 맛 조합이 너무나 잘 어울리는 재료다. 또 숙주는 살짝 데쳐서 아삭한 상태로 전을 부쳐야 풋내가 나지 않는다.

참치다다키와
아보카도

냉동 참치를 팬에 한 번 구워 겉과 안이 다른 색이 나도록 해 고소한 맛으로 즐기는 요리다. 아보카도, 토마토 슬라이스와 한 장씩 겹쳐 드레싱을 곁들여 내면 맛도 좋고 색감도 예쁘다.

재료

냉동 참치(뱃살) 200g
토마토 2개
아보카도 1개
기름 적당량

*드레싱
다진 양파 1큰술
간장 1큰술
발사믹 식초 1큰술
올리브 오일 3큰술
레몬즙 2큰술
후춧가루 약간
소금 1/2작은술
씨겨자 1/2큰술

만드는 법

1. 준비한 냉동 참치를 미지근한 옅은 소금물에 10분간 담가둔다. 겉부분만 살짝 녹을 정도로 해동하면 된다.
2. ①을 건져 바로 헹군 다음 물기를 제거한다. 달군 프라이팬에 기름을 둘러 겉면만 색이 나게 익힌다.
3. 키친타월 2겹으로 둘러 감아 냉장고에 3시간 정도 넣어둔다.
4. 잘 익은 토마토는 껍질을 벗겨 반으로 썬 뒤 슬라이스한다.
5. 아보카도는 반을 갈라 씨를 빼고 껍질을 벗긴 다음, 반으로 썰어 슬라이스한다.
6. 분량의 재료를 한데 넣고 잘 섞어 드레싱을 만든다.
7. 큼직한 플레이트에 참치, 아보카도, 토마토를 각각 둘러 담고 드레싱을 따로 담아 내거나, 또는 재료를 한 장씩 겹쳐 드레싱을 뿌려 낸다.

Tip. 냉동 참치는 해동을 잘 해야 맛있게 먹을 수 있다. 해동할 때는 우선 연한 소금물에 10분 정도 담가둔다. 이렇게 하면 소독과 함께 잡내를 없앨 수 있다. 참치가 색이 돌면 키친타월에 잘 싸 밀폐 비닐에 넣고, 냉장실에 넣어 3~4시간 정도 해동한다.

망고와 가지카르파초

구워서 껍질 벗긴 가지는 불내가 나고 부드럽다.
여기에 다양한 이탈리안 식재료를 한데 섞어 만든 카르파초로,
비칸 요리로도 인기 높다.

재료

가지 2개
블랙 & 그린 올리브 5~7알씩
안초비 5마리
케이퍼 1큰술
망고 1/2개
토마토 1/2개
실파 5뿌리

*드레싱

올리브 오일 4큰술
발사믹 식초 1큰술
씨겨자 1작은술
레몬즙 약간
소금·후춧가루 약간씩

1-2

1

1-1

만드는 법

1. 가지는 가스레인지에 석쇠를 놓고 그 위에 올려 껍질째 굽는다. 얼음을 넣은 볼에 넣고 바로 껍질을 벗긴다. 길이로 반을 자른 뒤 다시 반으로 저며 물기를 제거하고, 자근자근 두들겨준다. 소금, 후춧가루로 간을 해둔다.
2. 블랙 올리브, 그린 올리브는 각각 편으로 썬다(한 종류만 있어도 상관없다).
3. 안초비는 손으로 잘게 찢어 준비한다.
4. 껍질 벗긴 망고와 토마토는 과육만 0.5cm 크기로 깍둑 썬다.
5. 분량의 재료를 한데 섞어 드레싱을 만든다.
6. 구운 가지구이에 안초비, 블랙 & 그린 올리브, 케이퍼를 올리고 다진 망고·토마토 과육과 송송 썬 실파, 드레싱을 뿌려 낸다.

Vegetable Sticks with Anchory sauce

채소 스틱과 안초비 소스

이탈리아 요리 바냐 카우다(bagna càuda)에서 착안해 우리 일상에서도 즐길 수 있도록 변형한 메뉴. 치아바타를 곁들여 소스에 찍어 먹으면 한 끼 식사로 충분하다.

재료 보라색 무 1/4개, 애호박 1/4개, 래디시 3~4개, 미니 단호박 1/3개, 껍질콩 4개, 미니 당근 2~3개, 적콜라비 1/3개 * **안초비 소스** 다진 안초비 1/4컵, 편마늘 4개 분량, 다진 양파 1/4컵, 올리브 오일 적당량, 후춧가루 약간, 로즈메리 약간

만드는 법
1. 준비한 채소는 20분 정도 찐다. 한 김 식힌 뒤 스틱 모양으로 썬다.
2. 안초비 소스를 만든다. 로즈메리를 제외한 분량의 소스 재료를 한데 모아 냄비에 넣은 다음, 약불에서 10분 이상 자작하게 끓이면 완성된다. 마지막에 로즈메리를 첨가하고, 내기 전에 식혀둔다.
3. 준비한 채소 스틱과 소스를 함께 낸다.

Tip. 바냐 카우다는 올리브 오일, 안초비, 마늘을 넣은 소스를 전용 식기인 푸조트에서 뭉근히 끓여가며 피망, 아티초크, 비트, 엔다이브 등 다양한 제철 채소와 빵을 찍어 먹는 이탈리아 요리다. 곁들인 스팀 채소가 채소 본연의 맛을 한층 높여주며, 요즘은 현지에서도 가벼운 전채요리로 제공되는 경우가 많다.

대저토마토와 부라타 치즈

어떤 과일과도 잘 어울리는 이탈리아 부라타 치즈. 치즈 한 덩어리와 제철 과일, 바질 페스토만 있으면 언제든 근사한 애피타이저를 낼 수 있다.

재료 부라타 치즈 1개, 대저토마토 3개, 선드라이드 토마토 2~3개, 바질 잎 4~5장, 바질 페스토 적당량, 겔랑드 소금·통후추 약간씩

만드는 법
1. 바질 페스토는 p.95의 만드는 법을 참조해 준비한다.
2. 대저토마토는 6등분한다.
3. 넓은 접시 중앙에 부라타 치즈를 올리고, 대저토마토와 선드라이드 토마토, 바질 잎을 보기 좋게 돌려가며 놓는다.
4. 직접 만든 바질 페스토를 골고루 뿌린 뒤 겔랑드 소금과 통후추를 살짝 얹어 마무리한다.

Tip. 부라타(burrata) 치즈는 이탈리아어로, '버터 같은(buttery)'이라는 뜻을 지닌 프레시 치즈 종류다. 모차렐라와 크림의 혼합으로 만들어지며, 겉은 단단하지만 속은 매우 크리미하고 모차렐라와 유사한 풍미를 느끼게 한다.

유자소스 영양냉채

담백한 육류와 해산물 재료들을 고소하고 새콤달콤한 마요네즈 소스로 버무린 샐러드. 유자청과 함께 레몬즙을 가미해주는 것이 소스의 단맛을 조절하는 포인트다.

재료

닭 가슴살 2쪽
칵테일 새우 10개
오징어 1/4마리
양파 1/4개
크래미(시판용) 2줄
삶은 달걀(흰자) 3개
밤 4개
취청오이 1/4개

*유자마요네즈 소스
마요네즈 2/3컵
유자청 1큰술
레몬즙 1큰술
식초 4큰술
다진 양파 1큰술
설탕 1큰술
소금 1/2큰술
통깨 2큰술
삶은 달걀(노른자) 3개

만드는 법

1. 닭 가슴살은 끓는 물에 청주를 넣고 삶아 찢는다.
2. 새우와 오징어는 찬물에 넣고 데쳐 색이 변하면 불을 끈다. 여열로 잠깐 익힌 뒤 새우는 그대로 두고, 링으로 썬 오징어는 얼음물에 넣어 차갑게 식힌다. 크래미는 잘게 찢는다.
3. 삶은 달걀의 흰자는 편으로 썬다. 이때 노른자는 으깨서 유자 소스에 섞어준다.
4. 양파는 얇게 채 썰어 찬물에 담가 매운맛을 뺀다.
5. 밤은 편으로 썰고, 취청오이는 둥근 모양대로 얇게 썰어 소금물에 절인 뒤 꼭 짠다.
6. 분량의 재료를 한데 잘 섞어 유자마요네즈 소스를 만든다.
7. 모든 재료를 차갑게 해둔 다음, 유자마요네즈 소스에 함께 버무려 접시에 담는다.

Tip. 냉채에 들어가는 해산물은 찬물에 넣어 삶기 시작한다. 색이 변했을 때 불을 끄고 여열로 익혀주면 식감이 부드럽다. 익힌 뒤 얼음물에 넣었다 빼낸다.

양장피잡채

각종 재료 준비가 다소 번거롭기는 해도 의외로 간단하게 만들 수 있는 별미 중식 요리. 차갑고 따뜻한 음식, 톡 쏘는 겨자 소스가 이뤄내는 맛의 조화가 일품이다.

재료

양장피(삶은 것) 100g
오이 1/2개
당근 1/3개
파프리카(노랑, 빨강) 각 1/2개
양파 1/2개
새우 10개
오징어 1/2마리
달걀지단 달걀 2개 분량

* 잡채
채 썬 고기 50g
생강 1작은술
대파 1/2대
정종 1큰술
간장 2큰술
양파 1/2개
호박 1/4개
느타리버섯 80g
목이버섯 30g

호부추 1/2단
굴 소스 약간
참기름·후춧가루 약간씩

* 겨자 소스
연겨자 3큰술
배즙 2큰술
설탕 2큰술
식초 3큰술
소금 1작은술

만드는 법

1. 양장피는 따뜻한 물에 담근 후 데쳐 적당히 잘라 겨자 소스 1큰술, 참기름 1큰술에 버무려둔다.
2. 오이와 당근, 파프리카는 4cm 길이로 얇게 채 썬다. 당근은 데쳐서 채 썬다.
3. 새우와 오징어는 살짝 데친 뒤 차갑게 식힌다.
4. 달걀지단을 만들어 채소 길이로 썰어둔다.
5. 잡채를 만든다. 대파는 어슷썰고, 생각은 편으로 썬다. 팬에 기름을 두르고 파, 생강을 넣고 볶아 향을 낸다. 여기에 채 썬 고기를 넣어 볶다가 정종과 간장을 첨가한다.
6. 슬라이스한 양파를 넣고 굴 소스를 첨가해 볶으면서 호박, 느타리버섯, 목이버섯, 호부추 흰 부분을 순서대로 넣어 함께 볶는다.
7. 마지막으로 호부추 녹색 부분을 넣고 볶으면서 참기름, 후춧가루를 넣는다.
8. 분량의 재료를 잘 섞어 겨자 소스를 만든다.
9. 접시 중앙에 양장피를 푸짐하게 올린 뒤 차갑게 준비한 재료를 모두 돌려 담는다. 양장피 위에 뜨거운 잡채를 얹고 겨자 소스를 곁들여 낸다.

Tip. 호부추는 아삭한 식감을 살리기 위해 흰 부분 먼저 볶는다. 녹색 부분은 나중에 넣고 섞어서 볶는다.

우정욱의 밥　53

안초비소스 버섯볶음

안초비와 버터의 만남이 예상을 뒤엎는 소스 맛을 만들어낸다. 버섯과 토마토를 듬뿍 넣고 볶는 동안 풍미가 한층 더 깊어지는 메뉴.

재료

양송이버섯 2개, 생표고버섯 2개, 만가닥버섯 1/2통, 방울토마토 4개, 적양파 1/4개, 마늘 2톨, 올리브 오일 적당량, 소금·후춧가루 적당량, 안초비(다진 것) 3마리, 버터 2큰술, 바질 잎 4장

만드는 법

1. 생표고버섯은 굵게 저며 썰고, 양송이버섯은 반으로 썬다. 만가닥버섯은 먹기 좋게 찢어둔다.
2. 방울토마토는 반으로 썰고, 적양파는 채 썬다. 마늘은 편으로 썬다.
3. 팬에 올리브 오일을 듬뿍 두르고 마늘과 적양파, 버섯, 버터 1큰술을 넣어 볶는다. 소금, 후춧가루를 뿌리고 숨이 죽으면 안초비 다진 것을 넣는다. 토마토를 함께 넣고 볶다가 마지막으로 버터 1큰술을 넣고, 채 썬 바질 잎을 얹어 마무리한다.

Tip. 마지막에 버터를 넣어주는 것이 맛의 포인트다. 버터 향이 골고루 퍼지면서 깊은 풍미를 제대로 살리기 때문이다.

마음과 태도

언제부턴가 사람들은 내 음식에 대해 "간이 딱 맞아 좋다"고 평해준다.
이 외에도 여러 가지 표현들이 있다.
　"한식도 아니고 양식도 아닌데, 모든 음식이 맛있다."
　"깍쟁이 같은데 고고함을 지닌 음식이다."
　"백반도 아니고 뉴코리안 파인다이닝도 아닌, 그 중간에 선 외식 문화다."
　"새로운 조합을 정말 잘 만들어낸다." 등등.

처음에 이런 이야기를 듣고는 조금 부끄러운 기분도 들었다.
하지만 생각해보면 내가 그동안 찾아온 방향 또한 이런 자세와 다르지 않았다. 무언가를 복잡하고 심각한 고민과 연구 끝에 만든다 해도 정작 맛이 없으면 소용없지 않을까. 지나친 욕심과 의지를 배제하고 사람을 대하는 따뜻함과 넉넉한 마음을 유지하면서 음식을 만드는 것이 맛을 전달하는 가장 중요한 요인이라고 생각한다. 아마도 이 음식을 접하는 이들은 언젠가 또 같은 한 그릇을 대하고 싶지 않을까. 결국 '마음 있는' 음식으로 소통하는 삶이 가장 중요하다. 기본 스킬도 재료도 중요하지만, 이런 진심을 지니면 누군가를 위해 어떤 음식 한 품을 만들어도 맛에 대한 태도가 달라진다. 요리가 맛이 없을 수 없다. 고급지다, 한국적이다, 아니면 퓨전이다? 한 가지 단어로 단정 짓는 평가는 언제나 필요하지만 섣부른 판단이 될 수도 있다.
깔끔하고 단정하고 딱 떨어지는 맛을 알게 모르게 습득해 반영한 내 요리를 마음으로, 맛으로 이해해주는 사람이 있을 때 진심으로 감사하다.

main dish

메인 요리, 식탁을 완성하다

레스토랑에서 즐기던 맛과 풍미,
시선을 끄는 비주얼 그리고 함께 먹기 좋은 푸짐한 양.
3~4인이 모이는 식사 자리는 한 품만 올려도
만족스러운 특별한 메인 요리 선정에 신경 쓴다.
이에 따라 자연스럽게 전후 메뉴도 결정되기 때문이다.

매운 갈비찜

매콤한 갈비찜이 생각날 때 만들기 좋은 요리. 미국산 LA 갈비를 두툼하게 썰어 감자, 당근, 떡을 넣어보자. 초대 요리로도 푸짐하고 담백함을 살린 별미 요리로도 좋다.

재료

LA 갈비 1kg
(데침 재료: 양파 1/2개, 마늘 2톨, 통후추 1작은술)
감자 2개
당근 1개(작은 것)
대파 1대
육수 2/3컵
밤 8개
가래떡 1줄
참기름 1큰술

*재움 양념
육수(갈비 삶은 물 1½컵)
고춧가루 3큰술
다진 마늘 1큰술
양파즙 3큰술
배즙 3큰술
매실청 1큰술
정종 1큰술
간장 4큰술
물엿 2큰술
고추장 1/2큰술
설탕 1/2큰술
참기름 1큰술
후춧가루 약간

만드는 법

1. LA 갈비는 두께 2cm 정도로 썰어 핏물을 빼서 양파, 마늘, 통후추를 넣은 끓는 물에 10분간 삶은 뒤, 깨끗이 씻어둔다.
2. 뜨거울 때 재움 양념에 넣고 1시간 정도 재운다.
3. ②를 냄비에 넣고 끓기 시작하면 약불에서 40분 정도 더 끓인 뒤, 국물만 따라낸다.
4. 따라낸 국물은 냉장고에 넣어 기름을 굳힌 다음 윗면의 굳은 기름을 제거한다.
5. 감자와 당근은 큼직하게 썰어 모서리를 둥글게 정리한다. 가래떡은 4~5등분해둔다.
6. 밤은 껍질을 제거해 씻은 뒤 반으로 썬다.
7. 갈비에 ④의 국물을 다시 붓고 당근, 감자를 넣어 20분 정도 끓인다. 20분이 지난 뒤 밤과 가래떡을 넣어 10분 정도 조린다.
8. 마지막으로 참기름을 1큰술 넣고 잠시 조려 완성한다.

Tip. 갈비찜 국물은 냉장고에 넣고 굳혀서 기름을 깨끗이 제거해야 한다. 깔끔한 맛의 한 끗 차이를 확연히 느낄 수 있는 비결이다.

떡갈비

넉넉하게 만든 뒤 냉동해두면 언제든 간편하게 차려낼 수 있는 일품 메뉴. 갈빗살과 채끝살을 넣은 수제 떡갈비는 맛과 식감이 확연하게 다르다.

재료

소고기 갈빗살 500g
소고기 채끝살 100g
밤채 약간

*소고기 양념장
양파즙 3큰술
배즙 2큰술
다마리 간장 3큰술
꿀 1작은술
물엿 1작은술
다진 밤 4작은술
다진 잣 2작은술
다진 대추 2큰술
다진 마늘 1큰술
다진 파 2큰술
설탕 1큰술
참기름 1큰술
찹쌀가루 3큰술
소금·후춧가루 약간씩

*소스
간장 1큰술
올리고당 1큰술
후춧가루 약간

만드는 법

1. 갈빗살과 채끝살은 한입 크기로 썬 뒤 커터에 넣고 잣알 크기가 될 때까지 조금 성근 정도로 간다.
2. 볼에 ①의 고기와 분량의 양념장을 모두 넣고, 10분 이상 잘 치댄다.
3. 치댄 반죽은 저울에 달아 120g 정도로 소분한다. 하나씩 1cm 정도 두께, 럭비공처럼 도톰한 모양으로 만든다. 이때 보관해둘 분량은 따로 냉동한다.
4. 분량의 소스 재료를 한데 넣고 잘 섞는다.
5. 달군 팬에 ③의 떡갈비를 올리고 중불에서 타지 않을 정도로 익힌다. 이때 붓을 이용해 소스를 앞뒤로 골고루 발라가며 익힌다.
6. 접시에 떡갈비를 담고 위에 밤채를 살짝 올린다. 없으면 생략해도 된다.

Tip. 오이지가 많은 여름 시즌에는 오이지를 얇게 채 썰어 떡갈비에 곁들여도 맛이 잘 어울린다. 또는 구운 버섯이나 더덕을 잘게 찢어 함께 곁들여도 잘 어울린다.

동파육

소동파가 즐겨 먹었다는 중국식 삼겹살 요리를 가정식으로 즐겨 먹어보자. 고기를 삶아낸 조림장에 조린 돼지 삼겹살 맛이 일품인 메뉴. 가지런히 올린 뒤 녹색 채소와 담아내면 근사함과 먹는 즐거움을 함께 선사한다. 고기 위에 대파채를 소복이 올려 먹어도 어울린다.

재료

돼지고기 삼겹살 500g
(대파 잎 1/2대, 생강 1쪽,
양파 1/4개, 통후추 1작은술,
설탕 1작은술, 팔각 5개)
브로콜리니 적당량
기름 적당량

*향신채(조림장용)
대파 1대
마늘 4톨
생강 2쪽
건고추 2개

*조림장 양념
물 2큰술
술 3큰술
미림 1/4컵
설탕 2큰술
간장 4큰술

만드는 법

1. 삼겹살은 가로 7~8cm로 준비해 덩어리째 찬물에 10분 정도 담가 핏물을 뺀다.
2. 냄비에 물을 넉넉하게 붓고 삶는 재료(대파 잎, 생강, 양파, 통후추, 설탕, 팔각)를 넣어 약한 불에서 1시간 20분 정도 삶는다.
3. 불을 끈 다음 뚜껑을 닫고 20분간 뜸 들이며 여열로 고기를 익힌다.
4. 냄비에 어슷 썬 파, 편으로 썬 마늘과 생강, 건고추를 함께 넣고 센 불에서 볶아 향을 낸 뒤 건져낸다. 나머지 분량의 재료를 넣고 끓여 조림장을 만든다.
5. ③의 고기를 먹기 좋은 크기로 썰어 조림장에 넣어 바특하게 조린다.
6. 브로콜리니는 기름을 한 방울 떨어뜨려려 살짝 데친 다음 가니시로 올려 곁들여 먹는다. 청경채로 대체해도 좋다.
7. 큼직한 접시에 삼겹살을 푸짐하게 담고 한쪽에 녹색 채소를 곁들여 세팅한다.

Tip. 특유의 누린내가 나지 않게 삶는 비결은 대파와 생강, 양파, 통후추를 함께 넣는 것이다. 또 삶을 때 설탕을 넣으면 육질이 한층 부드러워진다. 삶은 뒤에는 반드시 뚜껑을 덮은 채로 20분 정도 두는데, 이는 여열로 고기를 푹 익혀야 육질이 더욱 부드러워지기 때문이다. 중국 요리의 '향신'을 내기 위해서는 4~5개의 팔각을 넣어야 한다는 것도 알아두자.

연저육찜

달착지근한 간장 베이스 소스에 조려 부드러운 육질을 즐기는 한식 전통 삼겹살찜. 직접 담은 매실청과 과일즙을 넣어 조리는 조상의 지혜가 느껴지는 고급 고기 요리다.

재료

통삼겹살 500g
(재움 양념: 청주 2큰술, 통후추 적당량)
양파·사과 1/3개씩
마늘 2톨
생강(손톱 크기) 1쪽
통후추 약간
참기름 1큰술
꿀 1큰술
적포도 1/2컵
구운 잣 1/4컵

*조림장
사과 1/4개
배 1/6개
양파 1/4개
파인애플 링(통조림) 1/2개
생수 1/2컵
간장 1/4컵
매실청 1큰술
물엿 1큰술
생강즙 1작은술
후춧가루 약간

만드는 법

1. 통삼겹살은 청주, 통후추에 20분간 재운다.
2. 양파와 사과는 1cm 정도의 두꺼운 링 모양으로 썬다.
3. 조림장 재료 중 사과, 배, 양파, 파인애플은 믹서에 갈아 면 보자기에 받쳐 즙을 거른다. 여기에 나머지 분량의 재료를 섞은 뒤 끓여 조림장을 완성한다.
4. 냄비 바닥에 ②의 양파와 사과를 깐다. 여기에 재운 통삼겹살을 얹고 물을 조금씩 부어가며 50분 정도 찐다. 불을 끄고 뚜껑을 덮은 채 20분간 뜸 들인다.
5. ③의 끓는 조림장에 익힌 삼겹살을 먹기 좋은 크기로 잘라 넣고, 국물을 숟가락으로 떠 적시면서 조린다.
6. 접시에 가지런히 포개어 담고 적포도와 구운 잣을 얹어 낸다.

Tip. 고기를 삶을 때 수분 없이 향긋한 양파와 사과를 깔고, 그 위에 약간의 물을 붓고 고기를 쪄보자. 누린내가 제거되고, 기름기가 쫙 빠져 훨씬 담백하고 건강하게 즐길 수 있다.

감장유소스 돼지고기냉채

말린 귤껍질, 팔각, 계피 등을 넣어 중국향 강한 맛을 내는 감장유 소스는 돼지고기 냉채 소스로 특히 잘 어울린다.

재료
돼지고기 목등심 300g
흑설탕 2큰술
파(잎 부분)·생강·통후추 적당량씩
취청오이 1/2개
해파리 50g
대파 채(흰 부분) 2대 분량
기름 적당량

*감장유 소스
감장유 1큰술
다진 마늘 1작은술
간장 1/2작은술
식초 1작은술
참기름 1/2큰술
고추기름 1작은술

만드는 법

1. 달군 프라이팬에 기름을 두르고 흑설탕을 뿌린 뒤 돼지고기를 올려 윤기 나게 굽는다. 물에 파, 생강, 통후추 넣은 것을 팬에 붓고 50분~1시간 정도 익힌 다음, 불을 끄고 20분쯤 뜸을 들여 식힌다.
2. 취청오이는 슬라이서로 밀어 얼음물에 담갔다 건져내고 대파는 흰 부분을 채 썬다.
3. 해파리는 깨끗이 씻어 끓는 물을 부었다가 찬물에 헹궈 얼음물에 넣는다. 이것을 두 번 반복한 다음 식초, 설탕을 1큰술씩 넣어 재워둔다.
4. 분량의 재료를 잘 섞어 감장유 소스를 만든다.
5. 돼지고기와 ②, ③의 재료를 버무린 냉채를 ④의 감장유 소스로 버무린다.
6. 고기와 해파리 냉채를 접시에 담고, 고기 위에 남은 소스를 끼얹어 낸다.

Tip. 냉채, 돼지고기 수육에 잘 어울리는 감장유 소스 만들기
재료_ 간장 1컵, 설탕 2/3컵, 술(정종) 1/2컵, 파 10cm(다지기), 생강 1쪽(다지기), 계피 10cm, 팔각 1개, 말린 귤껍질 15g
만드는 법_ 모든 재료를 냄비에 넣고 약불에서 끓인다. 계피는 10분 후 빼고, 40분 이상 끓이면서 양이 3분의 2로 줄 때까지 졸인다.

항정살 고추장오븐구이

특수 부위인 항정살을 오븐에서 구우면 훨씬 폭신하고 육즙 가득한 맛을 즐길 수 있다. 이때 장아찌를 곁들이면 정말 맛있다.

재료

돼지고기 항정살 300g
(재움 양념: 코냑(또는 양주) 1큰술,
소금·후춧가루 적당량)
영양부추 약간
장아찌 적당량

*고추장 양념
고추장 2큰술
고춧가루 1/2큰술
간장 1/2큰술
설탕 1/2큰술
매실청 1/2큰술
정종 1큰술
다진 마늘 1/2큰술
생강 퓌레(p.95 참조) 1작은술
올리고당 1큰술
참기름 1큰술
후춧가루 약간

만드는 법

1. 항정살은 코냑(또는 양주) 1큰술에 소금, 후춧가루를 넣은 양념에 20분 정도 재워둔다.
2. ①을 분량의 재료를 섞어 만든 고추장 양념에 20분 이상 재운 다음, 230℃로 예열한 오븐에서 40분간 굽는다.
3. 양배추, 깻잎, 풋고추로 새콤달콤한 장아찌를 만든다. 우선 양배추는 먹기 좋은 정방형 크기로 자른 뒤 소금, 설탕, 식초를 뿌려 재운다.
4. 깻잎과 풋고추도 잘게 썬 뒤 간장 1/2컵, 설탕 1/3컵, 식초 1/4컵을 섞은 양념에 재운다.
5. 깨끗이 씻은 영양부추는 4cm 폭으로 썬다.
6. 접시에 항정살을 담고 한편에 양배추·깻잎·풋고추 장아찌를 함께 놓는다. 위에 영양부추를 올려 낸다.

1

2

2-1

데리야키 치킨과
발사믹버섯

데리야키 소스를 한 번 만들어두면 버섯, 기타 채소들을 함께 응용해 누구나 근사한 닭 요리를 만들 수 있다. 데리야키 치킨과 재료를 그대로 활용해 샌드위치를 만들어도 맛있다.

재료

닭 허벅지 살 400g
우유 1/2컵
(밑간 양념: 간장 1큰술, 술 2큰술, 생강 1쪽, 통후추 약간)
새송이버섯 3개
꽈리고추 6~7개

*데리야키 소스
간장 3큰술
술 1큰술
미림 2큰술
설탕 1큰술
오렌지 주스 2큰술
생강 1/2큰술
후춧가루 약간

*발사믹 소스
발사믹 식초 1/2컵
레드 와인 1/2컵
닭 육수(물 1/2컵 + 치킨스톡 1/2개)
간장 1큰술

만드는 법

1. 닭 허벅지 살은 우유에 넣어 20분간 재운 뒤 찬물에 씻어 기름 부위를 제거한다.
2. 분량의 양념으로 밑간한 뒤 팬에 앞뒤로 노릇하게 구워 80% 정도 익힌다.
3. 냄비에 분량의 데리야키 소스 재료를 한데 넣고 잘 섞어 약불에서 반으로 줄 때까지 끓여 조린다.
4. ③의 소스에 익힌 닭을 넣고 윤기 나게 조린다.
5. 분량의 재료로 발사믹 소스를 만든다. 분량이 반으로 줄 때까지 끓여 완성한다.
6. 새송이버섯은 먹기 좋게 자른 뒤 그릴 팬에 굽는다.
7. 꽈리고추는 기름을 넉넉히 두른 팬에 넣고 센 불에서 튀기듯이 볶는다.
8. 접시에 닭고기를 얹고 위에 새송이버섯을 올린 뒤 발사믹 소스를 끼얹는다.
9. 맨 위에 볶은 꽈리고추를 얹어 낸다.

Tip. 닭고기를 우유에 재우면 연육작용을 할 뿐 아니라 기름기 제거 효과도 볼 수 있다.

돼지갈비강정

맥주가 술술 들어가는 고소한 맛, 돼지갈비 튀김.
지인들이 식당을 열게 되면 꼭 해보라고 권유했지만,
현재로선 튀김기 자리가 없어 집에서 만들어
식구들과 자주 즐기는 메뉴 중 하나다.

재료

돼지갈비 600g
(재움장: 간장 2큰술,
정종 1큰술,
소금 약간,
다진 마늘 2큰술,
다진 생강 1작은술)

녹말가루 적당량
튀김 기름 적당량
마늘 2톨
생강 1톨
통깨 적당량

만드는 법

1. 돼지갈비는 마늘, 생강을 넣은 끓는 물에 5분간 데친 뒤 씻는다.
2. ①을 분량의 재료로 만든 재움장에 20분 정도 재워둔다.
3. ②에 통깨를 고루 묻히고 여기에 녹말가루를 다시 입힌다. 180℃의 기름에 두 번 바삭하게 튀겨낸다.

Tip. 향신채를 넣은 물에 돼지고기를 한 번 삶아 기름기를 없애고, 간한 뒤 통깨까지 묻혀 튀겨내는 방법이 맛의 비결이다.

굴튀김 버섯볶음

겨울 제철 손님 요리의 식재료 중 하나는 당연히 굴이다. 굴을 튀겨 다양한 버섯과 볶아낸 탕수 요리는 어디서도 맛보지 못한 고급스러운 풍미를 느낄 수 있다.

재료

굴 300g
녹말가루 1컵
각종 버섯(느타리버섯 100g,
생표고버섯 3개,
양송이버섯 3개,
새송이버섯 1/2개,
목이버섯 약간)
쪽파 5뿌리
생강 1/2쪽
마늘 3톨
건고추 1개
물녹말 적당량
후춧가루·참기름 약간씩

*소스

간장 2큰술
설탕 1큰술
술 1/2큰술
올리고당 1큰술
물 2큰술
치킨스톡 1/2개
식초 1큰술

만드는 법

1. 굴은 엷은 소금물에 흔들어 씻어 물기를 제거한다.
2. 느타리버섯은 깨끗이 씻어 가닥을 나누고, 양송이버섯은 반으로 큼직하게 잘라서 끓는 물에 살짝 데쳐 물기를 제거한다.
3. ②와 나머지 버섯은 모두 한입 크기로 썬다.
4. 쪽파는 3cm 길이로 썰고, 마늘과 생강은 편으로 썬다.
5. 분량의 재료를 잘 섞어 소스를 만든다.
6. 굴은 녹말가루를 묻혀 기름을 넉넉히 두른 팬에 튀긴다.
7. 달군 팬에 기름을 두르고 건고추와 마늘, 생강을 볶는다. 여기에 목이버섯을 제외한 ③의 버섯과 ⑤의 소스 1/2 분량을 넣고 함께 볶는다.
8. ⑦이 골고루 볶아지면 튀긴 굴과 목이버섯, 남은 분량의 소스를 넣고 볶는다.
9. 쪽파를 넣고, 물녹말을 첨가해 농도를 맞춘 다음 참기름, 후춧가루로 간해 마무리한다.

Tip. 굴은 수분을 지니고 있어, 튀길 때 녹말가루를 골고루 입힌 뒤 완전히 익었을 때 뒤집어서 튀겨야 바삭하다.

너비아니삼합

홍어를 못 먹는 분들을 위해 좀 더 고급진 삼합을 생각해보며 만든 음식이다. 너비아니와 활관자, 더덕. 육해가 만나는 귀한 한 접시가 된다.

재료

보섭살 200g
(재움 양념: 배즙 2큰술,
후춧가루·참기름 1큰술씩,
다마리 간장 2큰술)
더덕 4개(50g)
(더덕 밑간: 다진 마늘 1/2작은술, 참기름 1작은술)
관자 3개
들기름 적당량

만드는 법

1. 고기는 두들겨 재움 양념에 20분간 재워둔다.
2. 더덕은 윗동을 잘라내고 칼로 껍질을 살살 돌려가며 벗긴 다음, 5cm 정도 길이의 편으로 썬다. 밀대로 두들기며 밀어서 마늘, 참기름으로 밑간한다.
3. 관자는 겉면의 막을 제거하고 손질한 뒤, 0.5cm 두께로 도톰하게 편으로 썬다.
4. 양념한 소고기는 센 불에서 재빨리 굽고, 더덕도 살포시 들기름에 굽는다. 관자도 들기름에 살짝 굽는다(토치가 있으면 이용해서 열을 가한다).
5. 접시에 고기와 더덕, 관자를 정갈하게 담아낸다.

Tip. 관자도 지나치게 익히면 질겨진다. 들기름에 살짝 익히는 정도가 적당하다. 이후에 토치를 이용해 순간적으로 열을 주면 불맛이 한층 강해지고 식감도 부드러워진다.

블랙빈소스 소고기볶음

부드러운 안심과 버섯을 진한 풍미의 소스에 볶은 맛도 모양새도 고급스런 요리. 꽃빵, 볶음밥을 곁들이기 좋은 일품 메뉴다.

재료

소고기 안심 300g
(재움 양념: 간장 2작은술,
술 2작은술, 녹말 2작은술,
참기름 1작은술)
새송이버섯 1/2팩
건표고버섯 6개
파프리카(노랑, 빨강) 1/2개씩
마늘 3톨
생강(손톱 크기) 1쪽
파 1대
포도씨 오일 적당량
청주 약간
참기름·후춧가루 약간씩

*블랙빈 소스
마늘콩장 소스 1큰술
굴 소스 1작은술
술 2큰술
설탕 1작은술
물 1/4컵
치킨스톡 1/4개
식초 1½큰술
물녹말 1작은술
후춧가루·참기름 약간씩

만드는 법

1. 소고기 안심은 1cm 두께로 구입해 4~5cm 길이로 잘라 준비한다.
2. ①을 분량의 재움 양념에 20분간 재워둔다.
3. 새송이버섯은 도톰하게 저며 썰고 건표고버섯은 불려둔다.
4. 빨강, 노랑 파프리카는 채 썰고, 마늘·생강은 편으로 썬다. 파는 4cm 길이로 썬다.
5. 안심과 새송이버섯을 포도씨 오일에 살짝 구워둔다.
6. 분량의 재료를 잘 섞어 블랙빈 소스를 만든다.
7. 기름 두른 팬에 편마늘과 편생강을 볶아 향을 낸다. 소고기를 넣고 청주를 함께 넣어 볶으면서 잡냄새를 없앤다.
8. ⑦에 새송이버섯과 표고버섯을 넣어 볶다가 블랙빈 소스를 첨가한다. 마지막으로 파프리카를 넣은 뒤 참기름, 후춧가루로 간해 완성한다.

Tip. 고기는 미리 살짝 볶아두어야 이후에 센 불에서 소스와 함께 재빨리 익힐 수 있으며, 안심의 부드러운 맛도 제대로 살릴 수 있다. 소스에 사용하는 마늘콩장 소스는 중국 식재상에서 구입 가능하다.

멘보샤

식빵 사이에 다진 새우 반죽을 두툼하게 넣어 튀겨낸 중국식 샌드 튀김으로, 어릴 때부터 우리 집 손님상에 빠지지 않고 오르던 메뉴다. 불 세기와 조절이 매우 중요한 음식이다.

재료

식빵 6장
홍새우 살 200g

*스프레드 소스
마늘 1작은술
레몬즙 1큰술
다진 양파 2큰술

다진 대파 2큰술
참기름 1큰술
달걀흰자 1개
녹말가루 1작은술
후춧가루·깨 약간씩
튀김기름 적당량

만드는 법

1. 식빵은 밀대로 한두 번 밀어 공기를 빼 4등분한다. 이렇게 하면 튀길 때 기름 흡수를 줄일 수 있다.
2. 홍새우 살은 칼을 이용해 새우 살이 살아 있는 정도로 곱게 다진다.
3. 분량의 재료를 모두 섞어 스프레드 소스를 만든다.
4. ③에 다진 홍새우 살을 넣고 잘 섞어 재운다.
5. 식빵 위에 새우 살 스프레드 소스를 두툼하게 펼쳐 올리고 그 위에 식빵을 덮는다. 손으로 가볍게 눌러 빵과 반죽이 접착되도록 한다.
6. 강중불로 예열한 튀김 기름에 넣고 불의 세기를 살짝 줄인 상태에서 뒤적거리며 타지 않게 5분간 튀겨낸다. 양쪽으로 뒤집어가며 노릇노릇한 색이 돌도록 천천히, 골고루 튀길 것.

Tip. 새우 살은 믹서에 넣어 갈아도 되지만, 씹는 식감을 위해 새우 살이 적당히 살도록 80% 정도만 다지려면 칼을 이용하는 것이 좋다.

호부추잡채와 꽃빵

호부추에 고기, 고추볶음을 곁들여 볶은 음식에는 아삭한 식감을 내는 것이 중요하다. 꽃빵을 곁들여 먹으면 맛의 밸런스가 잘 어우러진다.

재료

돼지고기 안심 200g
호부추 1/2단
청피망 1개
청·홍고추 1개씩
마늘 2톨
대파 5cm
간장 2큰술
청주 1큰술
굴 소스 1작은술
기름 적당량
참기름·후춧가루 적당량
시판용 꽃빵(냉동) 1봉지

만드는 법

1. 돼지고기는 4cm 정도 길이로 가늘게 채 썬다.
2. 깨끗이 정리한 호부추는 흰 줄기 부분, 녹색 잎 부분을 구분해 5cm 길이로 썬다.
3. 청피망은 4cm 길이로 채 썬다.
4. 청·홍고추는 가늘게 채 썬다.
5. 마늘은 편으로 썰고, 대파는 채 썬다.
6. 달군 팬에 기름을 두른 뒤 마늘과 파를 넣고 볶아 향을 낸다.
7. ⑥에 고기를 넣어 볶다가 간장, 청주를 넣고 함께 볶아 향을 낸다.
8. 호부추의 흰 부분, 피망, 청·홍고추 순으로 넣으면서 굴소스도 함께 넣어 볶고, 마지막으로 호부추의 녹색 부분을 넣은 뒤 재빨리 뒤적여준다.
9. 참기름, 후춧가루를 넣어 마무리한다.
10. 시판용 냉동 꽃빵을 쪄서 곁들여 낸다.

Tip. 중국 부추인 호부추는 대가 굵어 특유의 싱싱한 맛이 살아 있다. 볶음 요리에서는 흰 부분과 녹색 부분을 순차적으로 나눠 넣어야 식감을 풍성하게 느낄 수 있다.

경장육사

경장육사京醬肉丝는 가늘게 채 썬 고기(육사)를 경장 춘장에 볶은 중국 베이징의 전통 요리다. 한국인 최고 중식인 짜장면의 짜장을 돼지고기에 입혀 채소와 함께 토르티야에 싸 먹는 중식으로 바꿔보았다.

재료

돼지고기 안심 200g
달걀흰자 적당량
녹말 1½큰술
취청오이 1개
파(흰 대) 2대
카놀라 오일 적당량
참기름·후춧가루 적당량
식초 1작은술
토르티야 8~10장

*춘장 소스
춘장(볶은 것) 1큰술
미림 1큰술
정종 1큰술
설탕 1작은술
굴 소스 1/2큰술
미소된장 1큰술

만드는 법

1. 돼지고기 안심은 채 썰어 후춧가루를 뿌린 달걀흰자에 잠시 재운다.
2. 녹말 1½큰술을 뿌려 골고루 묻힌 다음, 기름 두른 팬에 볶아둔다.
3. 취청오이는 껍질을 깨끗이 씻은 뒤 슬라이서로 얇게 민다. 껍질 채는 찬물에 담갔다 꺼내 물기를 뺀다.
4. 파는 흰 부분만 곱게 채 썬 뒤 찬물에 10분간 담갔다가 건져둔다.
5. 분량의 재료를 잘 섞어 춘장 소스를 만든다.
6. 달군 팬에 기름을 두르고 양파와 마늘을 넣고 볶다가 ⑤의 소스와 고기를 넣어 함께 볶는다.
7. 참기름, 식초, 후춧가루를 넣어 마무리한다.
8. 접시에 볶은 고기와 오이, 파채를 돌려 담는다.
9. 시판용 토르티야는 노릇노릇하게 구워 함께 낸다.
10. 토르티야 위에 고기, 오이, 파채를 푸짐하게 올리고 돌돌 말아서 먹는다.

Tip. 볶음 소스의 베이스가 되는 춘장은 미리 볶아서 사용한다. 식용유를 잠길 만큼 넉넉히 붓고 설탕 1큰술을 넣은 다음 춘장을 넣어 충분히 볶아둔다. 기름과 분리되면 기름을 따라낸 채 사용하도록 한다.

민어조림

우리나라 여름 1순위 보양 재료인 민어 살을 즐기는 요리 해석법은 여러 가지다. 이 중 특히 부드러운 살을 맛볼 수 있는 조림은 특별한 가정식으로 만들어보기 좋은 음식이다.

재료

민어 1.5kg
표고버섯 3~4개
대파 1대

*조림 양념
다마리 간장 1/2컵
멸치 육수 1/4컵
고추장 2큰술
고춧가루 1큰술

매실청 2큰술
다진 마늘 1작은술
생강 1쪽
참기름 1큰술
후춧가루 약간

만드는 법

1. 민어는 아가미 쪽으로 내장을 제거한 뒤 몸통에 칼집을 적당히 내준다.
2. 양파는 원형으로 두껍게 썬다.
3. 표고버섯은 큼직하게 썰고, 파도 굵게 썬다.
4. 분량의 재료를 잘 섞어 조림 양념을 만든다.
5. 큼직한 냄비에 양파를 깔고 민어를 올린다. 표고버섯과 파를 얹고 조림 양념을 부은 뒤 약한 불에서 조린다. 수저로 계속해서 양념을 떠올리며 중약불에서 서서히 익히면서 국물이 자작하게 남도록 한다.

Tip. 생선에 칼집을 넣고 청주와 생강 퓌레(p.95 참조.) 등을 발라 20분 정도 재우면 조금 더 신선한 느낌의 조림이 완성된다.

스키야키

가족 또는 친한 지인들끼리 특별한 이벤트로
한 상 차려 정감을 나누며 맛보기 좋은 요리. 신선한
각종 식재료에 제대로 만든 소스만 어우러지면 푸짐하고
고급스러운 식사를 제대로 즐길 수 있다.

재료

소고기(등심) 50g(1인분 기준)
기타 재료
(쑥갓, 생표고버섯, 배추,
대파, 우엉, 죽순, 곤약, 찰떡 등)
달걀 2개
우동 면 1개

*소스
가다랑어 육수 1/2컵
간장·미림 각 1/2컵
정종 2큰술
설탕 1큰술

만드는 법

1. 등심은 얇게 썰어 준비한다.
2. 곤약은 끓는 물에 데쳐 썰어둔다.
3. 우엉은 껍질을 벗겨 큼직하게 어슷 썬다. 배추도 어슷하게 저며 썬다. 생으로 준비한 죽순도 어슷 썬다.
4. 표고버섯은 큼직하게 편으로 썬다.
5. 달걀은 노른자만 준비하고, 우동 면은 삶아둔다. 찰떡도 함께 준비한다.
6. 분량의 재료를 잘 섞어 소스를 만든다.
7. 준비한 팬에서 소스를 충분히 부어가며 고기와 채소를 굽는다. 익힌 재료들은 달걀노른자에 찍어 먹는다.

Tip. 우동 면 이외에도 취향대로 다양한 면을 곁들이면 좋다. 가을·겨울 제철 채소를 듬뿍 준비해 온 가족이 오순도순 둘러앉아 먹기에 좋은 요리다.

양념과 소스

조미료를 사용하지 않으면서 '맛깔스러운 맛'을 내려면 많은 경험에서 얻은 나름대로의 양념 공식이 필요하다. 나 역시 많은 종류를 항상 냉장고에 상비해두고 사용하는데, 그중에는 나만의 수제 양념들도 상당수가 포함된다. 이번 책에서도 자주 등장하는 대표적인 양념 그리고 다양한 요리에 사용한 소스들을 소개한다. 특히, 애용하는 맛간장인 다마리 간장은 꼭 한번 따라 만들어보기 바란다.

상비 양념

다마리 간장

다마리 간장

간장에 채소 다린 물과 미림, 술, 사과, 레몬이 들어갔다. 어디에 든 조금씩 넣으면 마늘, 생강 없이도 딱 떨어지는 맛을 낸다.

재료_ 사과 1개, 레몬 1개, 양파 2개, 마늘 6톨, 생강 1쪽, 통후추 20알, 물 2컵, 간장 10컵, 설탕 1kg, 맛술 1½컵, 청주 1컵
만드는 법_ 1. 사과와 레몬은 껍질째 얇게 썬다. 양파는 2등분하고, 생강과 마늘은 껍질을 벗긴다. 2. 냄비에 마늘, 양파, 생강, 통후추와 물을 넣고 약불에서 절반 양이 될 때까지 조린 뒤 체에 밭쳐 국물만 거른다. 3. 다른 냄비에 분량의 간장과 설탕을 넣고, 끓으면 맛술, 청주, ②를 넣어 20분간 끓인다. 4. 사과, 레몬을 넣고 뚜껑을 닫아 실온에 10시간 두었다가 면보에 걸러 간장만 담는다.

매실청

매실청

5월에 나는 홍매실로 청을 만들어 늘 상비해둔다. 단맛을 내야 할 때, 상큼한 맛을 낼 때, 잡내를 제거할 때 넣어주면 매우 좋다.

데리야키 소스

데리야키 소스

과일과 간장, 생강을 넣고 다린 소스. 채소나 생선, 육류에 골고루 사용하며 볶음 요리 맛내기에 이만한 재료가 없다.

재료_ 카놀라 오일 1/6컵, 레드 와인 1/4컵, 맛술 3큰술, 간장 1/4컵, 흑설탕 1/4컵, 식초 1/4컵, 레몬즙 1큰술, 오렌지 주스 3큰술, 마늘 2~3톨, 생강 1쪽, 녹말물 1작은술
만드는 법_ 1. 냄비에 소스 재료를 모두 넣는다. 2. 약한 불에서 양이 2/3 정도가 될 때까지 걸쭉하게 조린다.

배즙, 양파즙

착즙기에 내려서 병에 넣어 얼려두고 사용한다. 김치 담글 때, 무침 요리에, 그리고 육류를 재울 때 필수 재료로 사용한다.

참치액젓

가다랑어를 말려 얇게 슬라이스해 젓갈로 발효시킨 것. 국과 찌개, 나물 등 각종 요리 맛을 극대화하는 힘을 지녔다. 단 아주 소량만 사용해야 한다. 액젓은 시판 제품을 사용한다.

배즙, 양파즙

수제 소스

서양 음식의 기본이 되는 소스들의 경우 쉽게 만들 수 있는 몇 가지만 직접 만들어 보관해두면 파스타, 리소토, 수프 등의 한 그릇 메뉴를 즉석에서 훨씬 깊은 맛으로 완성할 수 있다.

베샤멜 소스 Bechamel Sauce

화이트 소스를 대표하는 베샤멜 소스는 모든 '흰색 소스'의 기본으로 통한다. 화이트 루에 우유를 넣고 끓이면서 소금, 후춧가루, 양파, 넛맥, 월계수 잎 등을 넣은 뒤 10분 정도 잘 섞으면서 끓인다. 화이트 루는 아래를 참고할 것.

화이트 루 White Roux

재료_ 버터 100g + 밀가루(박력분) 120g
만드는 법_ 스테인리스 냄비에 버터를 올려 80% 정도 녹으면 불을 끈다. 체에 내린 밀가루를 넣은 뒤 약한 불에서 잘 저어가며 15분간 갈색이 나기 전까지 조리듯 볶아준다.

토마토 소스 Tomato Sauce

홀토마토나 페이스트 제품으로 토마토 소스를 만들 때에도 제철 생토마토를 함께 넣어 소스를 만들면 한층 풍미가 깊어진다.

재료_ 토마토 300g, 양파 100g, 마늘 2톨, 토마토 페이스트 1/2큰술, 핫소스 1/2큰술, 소금 1작은술, 오레가노·바질 약간씩, 올리브 오일 2큰술
만드는 법_ 껍질을 벗긴 토마토는 깍둑썰기 한다. 냄비에 올리브 오일 2큰술을 넣고 마늘, 양파를 볶다가 나머지 분량의 재료를 모두 넣고 충분히 조린다.

생강 퓌레 Ginger Purée

육류와 생선 비린내를 제거하는 대표적인 향신채는 생강이지만 즙을 내서 사용하는 것은 여전히 번거로운 일이다. 햇생강이 나올 무렵 구입해 퓌레를 만들어두면, 반년 정도 보관하면서 다양한 요리에 활용할 수 있다.

재료_ 생강 100g, 물 25g
만드는 법_ 생강은 깨끗이 씻어 껍질을 제거한다. 생강을 믹서에 넣고 물을 부어 곱게 갈아서 지퍼백에 담는다. 납작한 형태로 냉동한 뒤, 필요할 때마다 조금씩 잘라 사용한다.

바질 페스토 Basil Pesto

바질 향을 본격적으로 즐길 수 있는 수제 소스로, 파스타나 피자를 만들 때 두루 활용할 수 있다. 빵과 함께 와인 안주로 곁들이기에도 좋다.

재료_ 생바질 100g, 올리브 오일 200ml, 마늘 5톨, 그라나 파다노 치즈 20g, 볶은 잣 20g, 소금 20g, 후춧가루 5g
만드는 법_ 모든 재료를 믹서에 넣고 곱게 간다. 열탕 소독한 유리병에 담아 냉장 보관하며 한 달 정도 먹을 수 있다.

와인

원래 술을 잘 못 마신다. 수퍼판을 운영하고 있으니 일상에서 주류(酒類)를 무시할 수는 없지만, 다행히 술자리의 여유로운 분위기는 좋아한다. 그런 의미에서 독주는 어려워도 와인에 상당한 매력을 느낀다.
와인은 음식과 페어링pairing 하면서 맛을 알아가는 과정이 흥미롭고, 게다가 와인 고유의 다양한 풍미와 산도에 따라 요리 맛이 배가되는 경험을 하기도 한다. 이런 재미 덕분에 최근에는 내추럴 와인을 비롯해 다양한 와인들을 조금씩 마시면서 즐기는 편이다. 한때는 프랑스와 이탈리아 와인만이 정답이라는 생각을 했으나, '맛있는 음식'은 '맛있는 와인'과 찰떡궁합임을 알게 되며 이러한 편견도 깨졌다.
이렇듯 음식과 와인의 페어링에 흥미를 느낀 이후로 와인을 마시는 자리를 마련할 때 음식을 마련하는 자세 또한 달라졌다. 특히 요즘은 음식을 대단하게 차려 손님을 초대하는 문화가 사라졌지만 집에서 간단히 와인 한잔 하거나, 수퍼판에서도 2차로 들른 손님들이 와인을 찾는 경우가 많아졌다.
이럴 때 몇 가지 내는 안주 중에서 어떤 와인과 함께 내어도 매칭이 좋아 인기를 끄는 메뉴가 있으니, 바로 부라타 치즈다. 부라타 치즈는 새벽 배송 등을 통해 늘, 바로바로 구입하는 식재료 중 하나로 어울리는 제철 과일과 바질 페스토만 함께 갖추면 최고의 안주가 된다. 또 한 가지, 의외로 매우 잘 어울리는 음식이 한식 밑반찬이다. 맛깔스러운 밑반찬 몇 종을 모아 내면 레드 와인과 무척 잘 어울리는 안주 플레이트가 완성된다.
식사 자리의 즐거움을 돕고 혈액순환에도 좋으며 편한 취침도 돕는 와인.
매력을 알고부터 조금씩 일상의 음료로 다가온다.

one-dish meal

한 접시 요리를 함께 나누다

가족과의 식사는 물론이고 가벼운 점심 초대 모임에도
두루 잘 어울리는 밥, 면 요리 그리고 기타 단품 메뉴들.
단 일상 식사를 차릴 때보다는 조금 더 특별한 스타일로,
2~3가지 요리를 만들어 함께 즐긴다.

햄버그스테이크

소고기 목등심을 바로 갈아서 잘 치대 만든 햄버그는 육즙이 가득해 남녀노소 모두 좋아하는 주역급 소울 푸드다. 비법 데미그라스 소스는 수퍼판 레스토랑의 맛이기도 하다.

재료

*햄버그스테이크
소고기 목등심 400g
돼지고기 안심(간 것) 100g
양파 1개
우스터 소스 1/2큰술
생크림 2큰술
빵가루 1/2컵
달걀 1개
소금·후춧가루 약간씩
버터 1큰술
데미그라스 소스 적당량

*곁들임 채소
아스파라거스 2~3개
미니당근 2~3개
보라색 무 1/6개

만드는 법

1. 양파는 곱게 채 썬다.
2. 기름 두른 팬에 버터 1큰술을 함께 넣고 중불에서 갈색이 날 때까지 볶은 뒤 넓은 그릇에 펼쳐 식혀둔다.
3. 햄버그스테이크 재료를 볼에 모두 넣고 10분간 잘 치대어 180g 분량씩 4등분한다.
4. ③을 둥근 공 모양으로 만들어 2cm 정도 두께의 스테이크 모양으로 완성한다.
5. 버터를 두른 팬에 ④를 올리고 뚜껑을 덮은 채 중불에서 속까지 익힌다. 옆면이 갈색이 되어 90% 익었을 때 뒤집는다.
6. 데미그라스 소스를 만든다(Tip 참조).
7. 접시에 구운 햄버그스테이크를 올리고 소스를 적당히 끼얹는다.
8. 구운 아스파라거스와 미니당근, 무를 곁들여 낸다.

Tip. 데미그라스 소스 만들기
만드는 법_ 양파 2개는 슬라이스해 버터에 볶아둔다(40분). 토마토 페이스트 1큰술, 우스터 소스 1큰술, 간장 1큰술, 데미그라스 소스(시판용) 2컵, 꿀 1큰술, 레드 와인 1컵을 함께 넣고 30분간 끓여준다. 마지막으로 버터 2큰술을 넣어 완성한다.

굴라시

고기와 채소가 듬뿍 들어간 헝가리 전통 스튜로 독일 할머니께 배운 메뉴다. 파프리카 향신료의 매콤한 맛이 조화롭게 퍼져 우리 입맛에도 너무나 잘 맞는 한 품. 크루통까지 곁들여 찍어 먹으면 든든한 한 끼 식사로도 손색없다.

재료

소고기 400g
(양지머리·우둔살 200g씩)
양파 2개
피망 1개
파프리카 1개
마늘 5톨
통조림 강낭콩(키드니빈) 1컵
버터 1큰술
올리브 오일 약간
화이트 와인 1/3컵
통조림 홀토마토 1/3캔
물 4컵
크루통 적당량

*굴라시 양념
치킨스톡 1개
노두유 1/2큰술
파프리카 파우더 2큰술
우스터 소스 1큰술
캐러웨이 시드 1작은술

만드는 법

1. 소고기 양지머리, 우둔살은 1cm 두께에 사방 2cm 크기로 썬다.
2. 양파는 6등분하고, 마늘은 얇게 편으로 썬다.
3. 피망과 파프리카는 반 갈라 씨를 빼고 흰 속살을 제거한 다음 3cm 길이로 채 썬다.
4. 통조림 강낭콩은 체에 밭쳐 끓는 물을 충분히 부은 뒤 찬물에 씻어 물기를 빼 준비한다.
5. 달군 팬에 버터 1큰술을 넣고 양파와 마늘을 갈색이 나도록 볶는다. 여기에 소고기를 넣어 함께 볶는다.
6. 고기 표면이 익으면 분량의 화이트 와인을 부어 자작해질 때까지 조린다.
7. 홀토마토를 넣고 분량의 물을 부어 끓인다.
8. 물이 끓으면 굴라시 양념을 모두 넣어 한소끔 끓인다. 불을 줄인 상태로 20분 정도 뭉근하게 더 끓인다.
9. ③의 피망, 파프리카와 ④의 강낭콩을 넣고 다시 30분 정도 뭉근히 끓여 완성한다. 크루통을 함께 곁들인다.

Tip. 굴라시는 푹 끓여 재료 본연의 맛을 충분히 우려내는 것이 제맛 내기 포인트. 1시간 정도 끓이는 동안 고기도 연해져 부드러우면서 깊은 맛을 낸다.
중국 전통 간장인 노두유가 없다면 생략해도 상관없다. 피망, 파프리카를 처음부터 함께 넣고 끓이면 너무 익어 뭉개질 수 있다. 다른 재료들을 20분간 먼저 끓인 다음 넣어서 끓여줄 것.

커피프렌치토스트

뉴욕 유명 식당의 레시피를 전수받아 만들기 시작한 최애 메뉴다.
에스프레소 샷을 넣어 달걀 비린내를 없애면서 풍미를 높인 토스트로,
브런치 메뉴로 내면 매우 잘 어울린다.

커피 프렌치토스트

재료

브리오슈 빵 1개
달걀 3개
우유 1컵
생크림 2큰술
꿀 1큰술

에스프레소 2샷
버터 1큰술
메이플 시럽·슈거 파우더 적당량

***천도복숭아 처트니**
천도복숭아 5개
설탕 1/2컵
레몬 1개
꿀 1큰술

Tip. 빵은 브리오슈를 사용해야 가장 맛있다.
따뜻한 우유(70℃ 정도)를 푼 달걀에 서서히 부으면서
생크림을 넣어주면, 냉장고에서 2~3일 보관이 가능하다.

만드는 법

1. 볼에 달걀 3개를 풀고 따뜻한 우유를 부으면서 잘 저어준다. 여기에 생크림과 꿀을 넣고 섞는다.
2. ①에 에스프레소 2샷을 부으면서 잘 저어 섞는다.
3. 3cm 두께로 썬 브리오슈를 ②에 앞뒤로 충분히 적신 다음, 한 켜로 펼쳐놓는다.
4. 달군 팬에 버터를 두르고 적신 빵을 올려 앞뒤를 노릇한 색이 돌도록 굽는다.
5. 복숭아는 껍질을 벗겨 작은 큐브 모양으로 썬 다음 설탕을 넣고 조린다. 양이 반으로 줄면 레몬을 3~4등분해 함께 넣고 계속해서 조린다. 마지막에 꿀을 넣어 처트니를 완성한다.
6. ④ 위에 복숭아 처트니를 듬뿍 올리고 메이플 시럽과 슈거 파우더를 뿌려 낸다.

궁중떡잡채

떡을 가늘게 썰어 채소와 고기, 버섯을 듬뿍 넣은 영양 만점 요리.

재료

소고기 200g
건표고버섯 3~4개
(소고기·표고버섯 밑간:
간장 2큰술, 술 1큰술,
설탕 1큰술, 참기름 1큰술,
다진 마늘 약간, 후춧가루 약간)

양파 1/4개
당근 1/2개
피망 1/2개
파프리카(빨강, 노랑) 1/2개씩
가래떡 400g

*양념장
간장 2큰술
설탕 2큰술
참기름 1큰술
통깨 2큰술
소금·후춧가루 약간씩

만드는 법

1. 건표고버섯은 설탕을 약간 넣은 따뜻한 물에 넣어 30분 정도 불린 뒤 물기를 꼭 짠다.
2. 양파, 당근, 파프리카, 피망은 곱게 채 썰어 가볍게 소금 간을 해 부드럽게 볶아둔다.
3. 불린 표고버섯과 소고기는 0.3cm 두께로 채 썬 다음, 분량의 밑간 양념으로 10분간 재운 뒤 기름 두른 팬에 볶는다.
4. 가래떡은 4~5cm 길이로 8등분한다. 가늘게 썰어 끓는 물에 부드러운 상태로 삶아낸 다음, 찬물에 헹구지 않고 체에 밭쳐 물기를 제거한다. 간장, 참기름(분량 외)을 조금 넣어 밑간해둘 것.
5. 분량의 재료를 골고루 섞어 떡잡채 양념장을 만든다.
6. 볼에 모든 재료와 양념장을 넣고 골고루 버무려 완성한다.

Tip. 말랑한 상태의 떡이라도 한 번 삶아내서 무치는 것이 중요하다. 이렇게 만들면 시간이 지나도 딱딱해지지 않는다.

우엉잡채

우엉을 불내 나게 볶아 만든 잡채.
특유의 향과 건강한 맛을 즐길 수 있다.

재료

우엉 300g
느타리버섯 20g
만가닥버섯 20g
파프리카
(빨강, 노랑) 1/2개씩
피망 1/2개
간장 2큰술
설탕 1½큰술
미림 1작은술
기름 적당량
참기름 약간
통깨 약간

만드는 법

1. 깨끗이 씻은 우엉은 껍질을 벗긴 뒤 4~5cm 길이로 얇게 채 친 뒤 끓는 물에 5분 정도 데친다. 데쳐 볶으면 특유의 향이 배가 된다.
2. 두 종류의 버섯은 가늘게 가닥가닥 뜯어둔다.
3. 파프리카와 피망은 가늘게 채 썬다.
4. 달군 팬에 기름을 두르고 우엉을 볶는다. 분량의 간장, 설탕, 미림을 함께 넣어 불내 나게 볶는다.
5. ④에 버섯과 파프리카 채 친 것을 함께 넣고 볶는다.
6. 참기름을 넣고 통깨를 뿌려 마무리한다.

Tip. 깨끗이 씻은 우엉 껍질은 굳이 벗기지 않고 그대로 요리해도 된다.

가자미솥밥

부드러운 가자미 살로 지은 솥밥은 다른 반찬이 일절 필요 없는, 건강한 별미 식사가 된다.

재료

가자미 1마리(200g)
쌀 2컵
미역 50g
참기름 약간
참치액젓 1/2작은술
쪽파 1/2컵
다시마 육수 2½컵
소금·후춧가루 약간씩

만드는 법

1. 쌀은 30분간 불린다.
2. 미역은 잘게 자른 뒤 불린다. 바락바락 주물러 씻어 잘게 썬 다음, 참기름과 참치액젓을 함께 넣어 재운다.
3. 싱싱한 것으로 구입한 가자미는 석장 포뜨기를 한다. 소금, 후춧가루로 가볍게 간한 뒤 80% 정도로 살짝 구워둔다.
4. 쪽파는 송송 썰어 1/2컵 분량으로 준비한다.
5. 돌솥에 불린 쌀, 재운 미역과 다시마 육수(p.211 참조)를 넣고 불에 안친다.
6. 밥을 뜸 들이기 전에 뚜껑을 열고 가자미를 위에 얹는다.
7. 뚜껑을 닫고 뜸을 들여 솥밥을 완성한다. 쪽파를 듬뿍 올려 낸다.

Tip. 미역을 불린 뒤 참기름과 액젓으로 밑간하면 바닷물 특유의 비린내가 제거되는 효과가 있다.

우정욱의 밥　113

구운버섯솥밥

버섯을 한 번 구워서 밥을 짓는 것이 향을 몇 배로 높여주는 포인트다. 각종 버섯과 마늘의 풍미가 강하게 어우러진 영양 솥밥.

구운버섯솥밥

재료

쌀 1½컵
찹쌀 1컵
다시마물 2½컵
간장 1큰술
청주 1½큰술
생표고버섯 3개
새송이버섯 3개

느타리버섯 100g
참송이버섯 2개 정도
황금송이버섯 1봉
마늘 5톨
해바라기씨 오일 3큰술

*양념 간장

간장 3큰술
다마리 간장 2큰술
고춧가루 1/2큰술
생수 1큰술
참기름 1큰술
깨 1큰술
영양부추(또는 달래) 1/3컵
다진 쪽파 2큰술

Tip. 밥을 지을 때 마늘 볶은 기름을 함께 넣는 것이 또 하나의 비결. 훨씬 고소하고 윤기 나는 밥이 완성된다.

만드는 법

1. 쌀과 찹쌀은 30분간 불린 뒤 씻어서 체에 밭쳐둔다.
2. 생표고버섯은 3등분으로 채 썰고, 느타리버섯과 참송이버섯은 굵게 찢는다. 황금송이버섯은 밑동을 잘라내고 가닥으로 뜯어둔다.
3. ②의 버섯 중 표고와 느타리버섯은 오븐에 굽거나, 팬에 기름 없이 노릇하게 구워준다.
4. 마늘은 편으로 썬 뒤 기름에 노릇하게 볶아둔다.
5. 쌀에 다시마물을 부으면서 간장, 청주를 함께 넣는다. 구운 버섯과 마늘을 풍성하게 올린 다음 기름도 함께 뿌려서 솥밥을 짓는다.
6. 밥이 다 지어지면 참송이버섯, 황금송이버섯을 넣고 뜸을 들인다. 준비한 양념 간장을 곁들여 비벼 먹는다.

콩나물낙지덮밥

한국인이 사랑하는 화끈한 낙지볶음과 콩나물국은 결코 뗄 수 없는 사이다. 이들의 멋진 조화를 떠올리며, 함께 올려 비벼 먹는 식사 메뉴를 고안해보았다.

재료

밥 2공기
낙지 2마리
(참기름 1/2큰술, 다진 마늘 1/2큰술,
후춧가루 약간)
양파 1/2개
애호박 1/4개
대파 1/2대
느타리버섯 100g
콩나물 100g
기름 적당량
영양부추 적당량

*양념장
고추장 2큰술
고춧가루 2큰술
간장 1큰술
참치액젓 1큰술
정종 1/2큰술
설탕 1/2큰술
물엿 1큰술
다진 파 1큰술
미림 1/2큰술
다진 생강 1/2작은술
다진 마늘 1큰술
참기름 1큰술
깨 1큰술
후춧가루 약간

만드는 법

1. 낙지는 밀가루를 뿌려 5분간 두었다가 조물조물 주물러 흐르는 물에 깨끗이 씻어낸다. 체에 밭쳐 물기를 제거한 다음 참기름, 다진 마늘, 후춧가루에 10분 정도 재워둔다.
2. 양파는 채 썰고, 호박은 반달 모양으로 썬다. 대파는 어슷 썰고, 느타리버섯은 3등분으로 찢어둔다.
3. 콩나물은 소금을 넣고 아삭하게 삶아둔다.
4. 팬에 기름을 두르고 양파, 호박, 느타리버섯, 낙지 순으로 넣으면서 볶는다.
5. ④에 분량의 재료로 만든 양념장을 넣고 볶다가 대파를 넣는다.
6. 밥 위에 낙지볶음과 콩나물을 듬뿍 올리고, 영양부추도 함께 올려 낸다.

Tip. 낙지에 밑간을 해둔 뒤 마지막에 센 불에서 빠르게 볶으면 물이 생기지 않는다.

라구파스타

소고기와 토마토 소스의 조합인 정통 라구 소스로 만든 파스타. 토마토 풍미가 강한 소고기를 듬뿍 넣어 긴 시간 정성껏 끓인 라구 소스는 라자냐 등 다양한 요리에 활용하기에도 좋다.

재료(1~2인 기준)

스파게티니 면 100g
그라나 파다노 치즈 적당량
이탈리안 파슬리 적당량

***라구 소스**
간 소고기 800g
마늘 4톨
다진 양파 500g
홀토마토 1300g
다진 양송이 50g
토마토 페이스트 450g
레드 와인 150ml
버터 32g
소금 15~20g
설탕 25g
후춧가루 1g
고기 육수 80g
생타임·생로즈메리 3g씩
생바질 20g

만드는 법

1. 마늘은 굵게 으깨 다진 양파와 함께 올리브 오일을 두른 팬에서 갈색이 나도록 20분 정도 볶는다.
2. ①에 간 소고기를 넣고 15분 정도 볶으면서 완전히 풀어준다.
3. 고기의 수분이 완전히 날아가면 레드 와인을 부어 잡내를 없앤다. 냄비 구석구석 붙은 고기는 잘 긁어준다.
4. ③에 토마토 페이스트를 넣고 페이스트의 신맛이 날아가도록 약한 불에서 10분 정도 볶는다.
5. 버터를 제외한 모든 재료를 ④에 넣는다. 생허브도 함께 넣고, 수분이 완전히 날아갈 때까지 1시간 30분 정도 조린다.
6. 불을 끄고 마지막으로 생허브와 버터를 넣어 라구 소스를 완성한다.
7. 스파게티니 면을 10분간 삶아 건져둔다.
8. 팬에 완성한 라구 소스를 1컵(200ml) 정도 넣고 국수 삶은 물을 1/2컵 넣어 졸인다. 여기에 삶은 면을 넣고 볶아준다. 국물이 바특하게 졸면 불을 끈다.
9. 그라나 파다노 치즈를 갈아 올리고, 다진 이탈리아 파슬리를 올려 낸다.

Tip. 라구 소스는 레드 와인을 넉넉히 붓고 약불에서 잘 저어주며 충분한 시간을 끓이는 것이 맛의 핵심이다. 책에 소개한 재료 분량으로 라구 소스를 만들면, 파스타(1~2인분)를 10번 정도 만들어 먹을 수 있다.

소고기감자 그라탱

소고기 안심과 감자가 들어간 치즈 그라탱은 와인과도 매우 잘 어울린다. 바게트 빵 1개만 곁들이면 든든한 식사 메뉴가 되어준다.

재료

소고기 안심 200g
(밑간: 소금·후춧가루 약간씩,
올리브 오일 적당량, 다진 마늘)
감자 100g
우스터 소스 1큰술

버터 적당량
베샤멜 소스 4큰술
홀토마토 1/2컵
파르미자노 레자노 치즈 1½큰술
모차렐라 치즈 1컵

만드는 법

1. 소고기는 소금, 후춧가루로 밑간한 뒤 올리브 오일, 다진 마늘을 뿌려 재운다. 70%만 구워 낸다.
2. 감자는 소금 1/2큰술을 넣고 삶아 식힌 다음 우스터 소스를 넣어 매시트포테이토처럼 으깬다.
3. 분량의 재료를 섞어 베샤멜 소스(p.95 참조)를 만든다.
4. 오븐 용기에 올리브 오일을 바른 다음 ①의 구운 고기를 넣는다. 그 위에 베샤멜 소스 4큰술과 홀토마토를 으깨 골고루 붓는다. 다시 으깬 감자를 펴 얹고 모차렐라 치즈와 간 파르미자노 레자노 치즈 1½큰술을 뿌린다.
5. 200℃로 예열한 오븐에서 15분 동안 굽는다.

라자냐

넓적한 면 위에 토마토 소스와 치즈, 베샤멜 소스를 층층이 올려 오븐에 굽는 이탈리안 파스타 요리. 앞서 소개한 가정식 라구 소스를 응용하면 된다.

재료

라구 소스 200g(p.120 참조)
라자냐 면 2장
가지 1/4개
새송이버섯 1개
베샤멜 소스 1/2컵
모차렐라 치즈 1/2컵
올리브 오일 적당량
소금·후춧가루 약간씩

만드는 법

1. 새송이버섯은 반으로 갈라 0.5cm 두께로 썬다. 올리브 오일을 두른 팬에 구우면서 소금, 후춧가루를 살짝 뿌려 간한다.
2. 가지는 3×4cm 편으로 썰어 소금, 후춧가루를 뿌리고 올리브 오일에 구워둔다.
3. 라자냐를 만들 오븐 용기에 라구 소스 1/2 분량을 깐다.
4. 살짝 삶아 준비한 라자냐 면을 라구 소스 위에 얹는다.
5. 베샤멜 소스(p.95 참조)를 얹고, 그 위에 구운 가지와 버섯을 얹는다.
6. 다시 남은 라구 소스를 얹고 모차렐라 치즈를 올린다.
7. 230℃로 예열한 오븐에서 10분간 굽는다.

Tip. 각종 구운 채소를 듬뿍 넣어 만들어보기를 권한다. 면을 상대적으로 적게 먹을 수 있어 훨씬 건강한 식사 메뉴가 된다.

발사믹 미트볼

미트볼은 햄버그스테이크 반죽을 그대로 사용하면서 동글동글한 미트볼로 만들어 소스에 조린 응용 메뉴다. 시작 메뉴로, 와인 안주로 내기에도 부담 없고 맛있다.

재료

*미트볼 반죽
소고기 목등심 400g
돼지고기 안심(간 것) 100g
양파 1개
우스터 소스 1/2큰술
생크림 2큰술
빵가루 1/2컵

달걀 1개
소금·후춧가루 약간씩
버터 1큰술
미니 당근 3~4개
보콜리니 모차렐라 치즈 6개
쏘렐 약간

*발사믹 소스
발사믹 식초 3큰술
레드 와인 1큰술
토마토케첩 1큰술
꿀 1/2큰술

만드는 법

1. 미트볼 반죽을 만든 뒤 작은 크기로 빚는다.
2. 팬에서 색이 나도록 구워 80% 정도 익힌다.
3. 분량의 발사믹 소스 재료를 잘 섞은 뒤 끓인다.
4. ③이 바글바글 끓으면 여기에 미트볼을 넣고 굴리면서 윤기 나게 굽는다.
5. 미니 당근은 살짝 데친 뒤 올리브 오일을 두른 팬에 가볍게 구워준다.
6. 볼에 미트볼과 미니 당근, 모차렐라 치즈, 쏘렐 잎을 돌려가며 담고 남은 발사믹 소스를 뿌려 낸다.

우니파스타

캘리포니아산 성게알은 신선하고 맛이 고소해서 파스타를 만들 때 자주 사용한다. 파스타뿐만이 아니라 성게알 풍미를 물씬 내고 싶은 요리에 넉넉히 사용할 수 있어 좋다.

재료(1~2인 기준)

스파게티니 면 120g
물 넉넉한 양
소금 적당량
성게알 4개 분량
다진 양파 2큰술
마늘 3톨
이탈리안 파슬리 약간
엑스트라버진 올리브 오일 3큰술
소금·후춧가루 약간씩

만드는 법

1. 성게알은 한 접시 기준 100g 정도 분량이 되도록 준비한다.
2. 달군 팬에 올리브 오일을 두르고 편으로 썬 마늘과 다진 양파를 넣고 약한 불에서 충분히 볶는다.
3. ②에 성게알을 넣고 볶는다.
4. 냄비에 물을 넉넉하게 붓고 끓이다가 소금을 넣고, 스파게티니 면을 넣어 알단테 상태로 삶는다. 면수는 그대로 둔다.
5. 삶은 면을 넣고 볶는다. 이때 면수도 1/4컵 첨가한 뒤 조려준다.
6. 접시에 담고 이탈리안 파슬리를 올려 낸다.

Tip. 성게알의 향을 제대로 즐기려면, 버터보다는 엑스트라버진 올리브 오일을 사용하는 것을 추천한다.

버섯소스파스타

고기와 버섯의 향이 어우러진, 담백한 맛이 일품인 파스타. 버섯 소스는 한 번에 많은 양을 만들기도 쉬운 만큼 큼직한 접시에 풍성하게 담아 덜어 먹는 메뉴로도 제격이다.

재료(1~2인 기준)

스파게티 면 120g
물 넉넉한 양
소금 적당량

*버섯 소스
양송이 100g
건표고버섯 50g
느타리버섯 50g
올리브 오일 3큰술
건고추 1개
마늘 4~5톨
화이트 와인 1/2컵
치킨스톡 1/2개
드라이 바질 약간
소금 1작은술
후춧가루 약간
그라나 파다노 치즈 약간

*고기 양념
간 소고기 100g
올리브 오일 2큰술
다진 마늘 1큰술
우스터 소스 1/2큰술
레드 와인 2큰술

만드는 법

1. 양송이버섯은 갓 부분의 껍질을 벗기고 기둥의 지저분한 부분을 자른다. 건표고버섯은 미지근한 설탕물에 1시간 정도 불린 다음 밑동을 잘라낸다. 느타리버섯은 찢어둔다.
2. 버섯을 커터기에 넣고 거칠게 갈아 준비한다.
3. 건고추는 반으로 갈라 씨를 제거한 뒤 2cm 길이로 썰고, 마늘은 편으로 썬다.
4. 달군 팬에 올리브 오일을 두르고 고추와 마늘을 볶아 향을 낸다. 여기에 버섯을 넣어 볶다가 화이트 와인, 치킨스톡, 드라이 바질을 넣고 조린다. 소금, 후춧가루로 간 한다.
5. 달군 팬에 올리브 오일을 두르고 마늘을 넣어 볶다가 간 소고기와 우스터 소스, 레드 와인을 넣는다. 국물이 고기에 배도록 충분히 볶아준다.
6. 완성된 버섯 소스와 고기 양념을 함께 섞어둔다.
7. 냄비에 물을 넉넉히 붓고 끓이다가 소금을 넣고 스파게티 면을 넣어 알단테 상태로 삶는다.
8. 삶은 면을 건져 ⑥의 소스에 바로 넣고 재빨리 볶으면서 섞는다. 접시에 담고 그라나 파다노 치즈를 갈아 얹는다.

Tip. 고기와 버섯 소스는 따로 볶은 다음 섞어주는 것이 맛내기 포인트. 이 요리는 콜드파스타로 먹어도 맛있다.

안초비시소파스타

도쿄의 고급 식당에서 맛본 뒤
깔끔하고 담백한 맛에 반해 만들기 시작한,
향긋한 풍미의 파스타 메뉴다.

재료(1~2인 기준)

스파게티니 면 100g   안초비 3마리
물 넉넉한 양   버터 20g
소금 적당량   소금 약간
시소 6장   엑스트라버진 올리브 오일 적당량
마늘 3톨   면수 40ml

만드는 법

1. 깨끗이 씻어 물기를 제거한 시소는 가늘게 채 썬다.
2. 마늘은 편으로 썰고, 안초비는 잘게 다진다.
3. 냄비에 물을 넉넉히 붓고 끓이다가 소금을 넣고 스파게티니 면을 넣어 알단테 상태로 삶는다. 면은 건져두고 면수는 그대로 둔다.
4. 달군 팬에 엑스트라버진 올리브 오일 2큰술을 두르고 마늘을 갈색이 돌도록 볶다가 안초비도 함께 넣고 볶는다.
5. ④에 삶은 면을 넣고 볶다가 면수 40ml를 부어 조린다. 버터와 약간의 소금을 넣어 마무리한다.
6. 접시에 면을 담고 시소를 풍성하게 얹어 낸다.

Tip. 향신 잎채소인 시소는 마켓컬리 등 온라인 식재료 몰에서 쉽게 구입할 수 있다.

오징어먹물 묵은지 문어리소토

김치와 문어의 조화로운 맛을 서양식 리소토 스타일로 응용한 식사 메뉴. 먹물 페이스트와 버터 고유의 고소함이 밴, 이색 볶음밥의 풍미이기도 하다.

재료(1~2인 기준)

볶은 쌀 100g
묵은지 50g
자숙 문어 80g
화이트 와인 적당량
먹물 페이스트 1큰술
편마늘 2개 분량
카놀라 오일 약간
다마리 간장 1큰술
버터 1작은술

만드는 법

1. 자숙 문어는 끓는 물에 화이트 와인을 넣고 10분 정도 다시 삶은 다음 어슷 썰어 준비한다.
2. 팬에 카놀라 오일을 두르고 편마늘을 넣어 갈색이 나도록 볶는다.
3. ②에 묵은지를 넣고 잘 볶은 다음 쌀도 함께 넣고 10분 정도 골고루 볶는다. 쌀알이 씹히는 상태까지 볶아준다.
4. 문어와 먹물 페이스트를 넣고 잘 볶은 뒤 다마리간장을 넣어 간을 맞춘다.
5. 마지막으로 버터를 넣어 풍미를 살려준다.

Tip. 리소토의 쌀알은 올리브 오일에 10분 정도 볶는 동안 생수를 계속 넣어준다. 쌀 심이 보일 정도로 익히는 것이 중요하다.

치킨도리아

향수를 부르는 음식, 도리아는 버터 볶음밥이나 필래프 위에 화이트 소스, 치즈 등을 듬뿍 뿌려 오븐에 구운 요리다. 크리미한 식감, 고소한 맛, 건강한 재료들이 한데 어우러진 메뉴.

재료

밥 2공기
닭 가슴살 150g
새우(중하) 3마리
버터 1큰술
양파 1개
화이트 와인 2~3큰술
브로콜리 1/4개
양송이버섯 4~5개
토마토케첩 3큰술
우스터 소스 1큰술
모차렐라 치즈 2컵
생크림 1큰술
베샤멜 소스 1컵(200ml)

만드는 법

1. 닭 가슴살은 먹기 좋은 한입 크기로 썬다.
2. 새우는 머리와 꼬리를 떼어내고 껍질을 벗긴 뒤 등 쪽의 내장을 제거한다. 깨끗이 씻어 닭고기와 같은 크기로 썰어 준비한다.
3. 양송이버섯은 새우 크기로 깍둑 썰고 브로콜리는 작게 썬 다음 살짝 데쳐둔다.
4. 달군 팬에 버터를 녹인 뒤 채 썬 양파를 넣어 투명해질 때까지 볶는다.
5. 닭 가슴살과 새우를 넣고 화이트 와인을 첨가한다.
6. ④에 버섯, 브로콜리를 넣고 분량의 토마토케첩과 우스터 소스를 넣는다.
7. 밥은 소금, 후춧가루로 간해 살짝 볶는다.
8. 오븐 용기에 버터(분량 외)를 바른 뒤 볶은 밥을 펴 담는다.
9. ⑧에 베샤멜 소스(p.95 참조)를 넉넉히 부은 뒤 모차렐라 치즈를 듬뿍 얹는다. 생크림 1큰술을 골고루 뿌리고, 220℃로 예열한 오븐에서 10분간 굽는다.

Tip. 베샤멜 소스를 충분히 넣어야 촉촉하고 크리미한 식감의 도리아가 완성된다.

카레우동

정성 들여 만든 카레 소스가 육수와 어우러져
이색적인 풍미를 자아내는 면 요리.

재료(1~2인 기준)

우동 면 2개
소고기(불고깃감) 200g
양파 1/2개
대파 1/2개
사과 1/2개
마늘 1톨
토마토 1개
당근 1/2개
버터 2큰술
레드 와인 1/4컵
분말 카레 1큰술
밀가루 2큰술
고형 카레(루) 1조각
치킨스톡 1/2개
화이트 와인 1큰술
가다랑어 육수 3컵
간장 1큰술
모차렐라 치즈 적당량

만드는 법

1. 소고기는 불고깃감을 한입 크기로 잘라 핏물을 빼서 준비한다.
2. 양파는 채 썰고, 대파도 어슷하게 채 썬다. 버터 1큰술을 두른 팬에 넣고 20분 이상 볶아둔다.
3. 사과는 채 썰고, 마늘은 편으로 썬다.
4. 토마토와 당근은 작게 깍둑 썬다.
5. 냄비에 버터 1큰술, 기름 1큰술을 두르고 마늘을 볶다가 볶아둔 양파와 대파, 소고기, 레드 와인을 함께 넣고 볶는다. 분말 카레와 밀가루를 넣어 잘 섞으면서 당근, 토마토, 화이트 와인을 첨가한다.
6. 고형 카레와 사과를 넣어 잘 섞는다. 가다랑어 육수(p.211 참조)를 넣고 30분 이상 끓이면서 간장을 첨가한다.
7. ⑥에 삶은 우동 면을 넣어 완성한다. 마지막으로 모차렐라 치즈를 토핑해 낸다. 또는 우동을 먹다가 국물이 조금 남았을 때 치즈를 얹어 먹어도 맛있다.

Tip. 카레우동은 특별히 가다랑어 육수를 넣어야 시원한 맛이 산다. 가다랑어 육수는 다시마를 끓이다가 불을 끈 뒤, 가다랑어포를 넣고 3분만 우려내야 산뜻하게 완성된다.

가츠샌드

부드러운 육질의 돼지고기로 만든 돈가스를
식빵에 샌드해서 먹는 별미 간식 겸 한 끼 식사.

재료

돼지고기 목등심 200g
마요네즈 1/4컵
달걀 2개
밀가루 1컵
우유식빵 4장
빵가루용 식빵 3장
튀김 기름 적당량
소금·후춧가루 약간씩

***샌드 소스**
돈가스 소스 1컵
우스터 소스 2큰술
토마토케첩 1큰술
꿀 1작은술

만드는 법

1. 돈가스용으로 준비한 목등심은 두들겨서 소금, 후춧가루를 약간 뿌린다.
2. 돼지고기 윗면에 마요네즈를 얇게 펴 바른다.
3. 빵가루용 식빵 3장은 1시간을 건조해 수분을 날린 뒤 믹서에 넣고 거친 입자로 간다.
4. 고기에 밀가루, 달걀, 빵가루를 순서대로 잘 입힌 다음, 중불에서 튀김 기름에 노릇하게 튀겨낸다.
5. 분량의 재료를 잘 섞어 샌드 소스를 만든다.
6. 우유식빵 1장의 한 면에 샌드 소스를 펴 바른 뒤, 튀긴 고기를 올리고 식빵을 덮어 가볍게 눌러 잘 붙인다.
7. ⑥을 4등분한다. 남은 식빵 2장도 같은 방법으로 샌드한다.

4

6

6-1

Tip. 돼지고기를 두들겨서 약간의 술, 후춧가루를 뿌리고 그 위에 마요네즈를 발라주면, 간을 맞추는 것은 물론 육질이 훨씬 부드러워진다.

통로(通路)

나는 우리 식당 수퍼판이 하나의 '통로(passage)'가 되었으면 하는 의미에서 '판'이라는 이름을 붙였다. 통로는 생각 없이 거칠 수도 있는 길이지만, 만남에 따라 다양한 소통이 이뤄지는 장소이기도 하다. 가끔은 머무른 채 산다는 조바심도 생겼지만, 결국 이 통로를 통해 새로운 깨달음을 얻었다. 수많은 사람과 소통하는 새로운 계기가 생겼기 때문이다. 그리고 그들을 위해 요리하며 새로운 마음도 생겼다. 식당을 찾는 분들이 엄선된 식재료로 건강하게 조리된 음식을 먹으며 행복해하기를 바란다. 또 이곳에서 나누는 대화로 인해 즐거워지고, 음식을 먹은 후에도 속이 편할 수 있기를 바란다. 그런 통로가 될 수 있기를 항상 기도하며 음식을 함께 나누고자 한다.

soup & rice porridge

따뜻한 수프, 또는 죽 한 그릇

든든하게 챙겨 먹는 한 끼 식사로 손색없고,
맛있게 끓여두면 가벼운 간식으로도
챙겨 먹을 수 있는 특별한 국물 요리. 메인 요리를
먹기 전 입맛을 돋우는 음식으로 내어도 좋다.

모둠버섯 맑은 수프

다양한 버섯을 넣고 끓이는 건강 수프는 크게 두 가지 스타일로 나뉜다. 이번에 소개하는 것은 간단하게 만들 수 있는, 매우 담백한 채소 수프다.

재료

느타리버섯 80g
생표고버섯 80g
양송이버섯 80g
새송이버섯 100g
황금송이버섯 50g
아스파라거스 3개
방울토마토 8개

*맛국물
다시마 2조각
양파 1개
마늘 5톨
물 10컵
참치액젓 1작은술
소금·후춧가루 약간씩

만드는 법

1. 느타리버섯과 황금송이버섯은 먹기 좋은 크기로 찢고, 표고버섯과 양송이버섯은 기둥을 제거해 0.5cm 두께로 썬다. 새송이버섯도 얇게 썬다.
2. 아스파라거스는 5cm 길이로 자른다.
3. 맛국물은 분량의 재료를 넣고 끓이다가 끓기 시작하면 다시마를 빼내고 15분간 더 끓인다.
4. ③에 준비한 모든 재료를 넣고 15분간 끓인다. 마지막에 토마토, 황금송이버섯을 넣어 완성한다.

Tip. 참치액젓은 가다랑어포 농축액으로, 국이나 나물 등에 아주 소량만 넣어주면 깔끔하면서도 감칠맛이 난다.

시금치새우수프

새우 살과 시금치가 들어간 격 있는 맛의 수프로, 초대상의 시작 음식으로 내기에도 좋다.

재료

중하 5마리
(새우 밑간: 후춧가루,
화이트 와인 1/2큰술)
시금치 1/3단
동충하초버섯 50g
황금송이버섯 1/3봉
건고추 1/2개
대파 1/2대
생강 1쪽
청주 약간
달걀 2개
물녹말
(물 4큰술 + 감자 전분 2큰술)
설탕·참기름 1작은술씩
소금·후춧가루 약간씩

*닭 육수
물 4컵 + 치킨스톡 1/2개

만드는 법

1. 새우는 등 쪽의 내장을 빼내고 소금물에 흔들어 씻어 물기를 제거한 다음 관자 펴기를 한다. 화이트 와인 1/2큰술, 후춧가루 적당량을 뿌려 10분 정도 밑간해 준비한다.
2. 시금치는 잎 부분만 사용하고, 대파는 어슷 썬다. 생강은 편으로 썰고, 건고추는 4등분한다.
3. 도마에 랩을 깔고 물녹말을 가볍게 입힌 새우 살을 얹은 다음, 랩을 덮어 밀대로 납작하게 민다.
4. 냄비에 기름을 두르고 건고추, 생강, 대파를 넣어 볶다가 청주(술)를 넣어 날린 다음, 육수를 붓고 끓인다.
5. ③의 새우 살을 수제비처럼 떠 넣는다. 이때 시금치, 동충하초버섯, 황금송이버섯도 함께 넣는다.
6. 끓이면서 설탕으로 간을 맞추고 약불로 줄인 뒤 달걀 줄알을 친다.
7. 뚜껑을 덮고 2분 정도 둔 뒤 참기름, 후춧가루를 넣어 마무리한다. 먹을 때 소금으로 간한다.

Tip. 새우를 전분에 묻혀 얇게 편 뒤 뚝뚝 떼어내 수제비처럼 넣어주면 식감이 훨씬 부드러워진다.

산라탕

한국인 입맛에 딱 맞는 새콤한 풍미의
중국식 수프. 해장 음식으로도 제격이다.

재료

돼지고기 안심 100g
(술 1큰술, 녹말 1작은술,
소금·후춧가루 약간씩)
죽순 1/2개
표고버섯 2개
불린 해삼 1개
중하 3마리
솔방울 오징어 4개
두반장 1/2큰술
두부 1/2모

마늘·생강·고추·대파 약간씩
청주 1큰술
두반장 1큰술
물녹말(물 5큰술+녹말가루 2큰술)
달걀 1개
기름 적당량
고추기름 1큰술
소금 약간
식초 3큰술
후춧가루 넉넉한 양

*닭 육수
물 4컵 + 치킨스톡 1/4개

*볶음 양념
간장 1½큰술
굴 소스 1작은술
정종 1큰술
설탕 1작은술

만드는 법

1. 돼지고기는 술, 녹말, 소금, 후춧가루를 넣고 버무린 다음, 데쳐서 육즙을 제거한다.
2. 죽순과 표고버섯은 2cm 크기로 깍둑 썬다.
3. 불린 해삼은 1cm 두께로 어슷 썬다. 중하는 껍질을 벗겨 3등분하고, 솔방울 오징어는 반으로 썬다.
4. 달군 프라이팬에 기름을 두르고, 여기에 마늘, 생강, 파를 볶아 향을 내다가 청주 1큰술을 넣는다.
5. ④에 두반장을 첨가해 볶다가 표고버섯, 죽순, 데친 돼지고기, 해물을 넣는다. 여기에 분량의 재료로 만든 볶음 양념을 넣어 한데 볶는다.
6. ⑤에 육수를 부어 끓이다가 두부를 넣고 다시 5분간 끓인다. 이때 고추기름을 함께 넣는다.
7. ⑥에 물녹말을 첨가한다.
8. 달걀줄알을 친다.
9. 불을 끈 뒤 식초, 후춧가루를 듬뿍 넣어 풍미를 더한다.

Tip. 두반장은 2~3분 볶아서 사용해야 냄새를 날리며 매콤한 맛도 살릴 수 있다.

완두콩수프

완두콩은 독특한 고소함이 있어 수프로 끓여 먹으면 더욱 맛있다.

재료 완두콩 400g, 대파(흰 부분) 1대, 감자 1/2개, 양파 1개, 베이컨 2장, 민트 잎 3장, 버터 2큰술, 닭 육수(물 6컵 + 치킨스톡 1/4개), 우유 1/2컵, 생크림 2/3컵, 소금·후춧가루 약간씩

만드는 법
1. 완두콩은 깍지를 제거하고 물에 헹궈 물기를 뺀다.
2. 대파는 어슷 썰고, 양파는 가늘게 채 썬다. 베이컨은 얇게 썰고, 감자는 깍둑 썬다. 민트 잎은 물에 담근다.
3. 달군 냄비에 버터를 녹이고 대파와 양파를 넣어 약불에서 갈색이 될 때까지 볶는다. 다진 베이컨, 민트 잎도 함께 넣고 볶는다.
4. ③에 감자와 닭 육수를 함께 넣고 20분 동안 끓인다.
5. ④에 완두콩을 넣고 20분간 끓인 다음 핸드 믹서로 곱게 간다.
6. 냄비에 ⑤를 붓고 약불에서 데우다가 우유와 생크림을 섞고 소금, 후춧가루로 간한다.

Tip. 완두콩은 제철에 구입해 깍지를 제거하고 콩알만 냉동실에 보관하면 3개월은 두고 먹을 수 있다.

치킨차우더

생크림을 넣고 걸쭉하게 끓인, 고소하고 감칠맛이 꽉 찬 풍미의 치킨 수프.

재료

닭 가슴살 150g, 버터 3큰술, 다진 양파 4큰술, 다진 베이컨 1/2컵, 다진 셀러리 1/2큰술, 감자 1개, 화이트 와인 1큰술, 밀가루 3큰술, 닭 육수(물 4컵 + 치킨스톡 1/2개), 우유 2컵, 생크림 1컵, 타바스코 소스 1/4작은술, 우스터 소스 1/2큰술, 소금 1/4작은술, 후춧가루 약간

만드는 법

1. 닭 가슴살은 1cm 크기로 깍둑 썬다.
2. 버터 2큰술을 두른 팬에 다진 양파를 넣고 투명한 갈색이 날 때까지 볶는다. 여기에 베이컨, 셀러리, 닭 가슴살, 깍둑썰기 한 감자, 화이트 와인 순으로 넣으면서 센 불에 볶는다.
3. 불을 낮추고 밀가루를 넣는다. 밀가루가 보이지 않을 때까지 볶다가 준비한 닭 육수를 부어 끓인다.
4. ③에 우유를 넣고 계속 끓이다가 버터 1큰술, 우스터 소스, 소금, 후춧가루, 타바스코 소스를 넣는다. 마지막에 생크림을 넣고 끓여 마무리한다.

Tip. 소량의 타바스코 소스를 마지막에 넣어 느끼해질 수 있는 크림 타입 수프에 매콤함을 가미한다.

감자치즈수프

치즈와 감자가 맛과 영양의 균형을 이룬 수프. 감자가 맛있는 5~6월 제철에 만들면 한결 고소한 풍미로 즐길 수 있다.

재료

감자 300g
양파·브리 치즈 50g씩
대파(흰 부분) 1대
베이컨 2장
버터 2큰술
올리브 오일 1큰술
우유 1컵

생크림 1/2컵
소금·후춧가루 약간씩

*육수
따뜻한 물 4컵
치킨스톡(큐브) 2개

만드는 법

1. 감자는 껍질을 벗겨 얇게 반달썰기 하고, 양파는 가늘게 채 썬다. 대파도 어슷 썬다.
2. 치즈와 베이컨은 각각 굵게 다진다.
3. 달군 냄비에 버터를 녹이고 올리브 오일을 둘러 양파와 대파를 넣어 볶는다. 베이컨도 함께 넣고, 캐러멜화될 때까지 20분 정도 볶아준다.
4. 감자를 넣고 육수를 부어 15분간 끓인다.
5. 끓으면 불에서 내리고 한 김 식혀 믹서에 곱게 간다.
6. 냄비에 ⑤를 붓고 약불에서 데우다가 치즈를 넣고, 우유와 생크림을 붓고 소금, 후춧가루로 간한다.

Tip. 대파의 흰 부분만 넣으면 수프의 맛이 더욱 깔끔하고 개운하다.

프렌치어니언수프

프랑스의 대표적인 수프. 한참을 볶은 양파의 깊은 맛이 우러난 국물 맛이 일품이다.
빵과 치즈를 곁들여 따뜻하게 먹으면 좋다.

재료

양파 1kg
마늘 3톨
버터 100g
채소 육수 8컵
치킨스톡(큐브) 1개
월계수 잎 2장
소금·후춧가루 약간씩
바게트 슬라이스 6쪽
그뤼에르 치즈 50g
그라나 파다노 치즈 30g

만드는 법

1. 양파는 가늘게 채 썰고, 마늘은 편으로 썬다.
2. 달군 냄비에 버터를 녹이고 양파를 넣어 식감이 살도록 약불에서 30분 이상 볶는다. 마늘도 함께 넣어 타지 않게 볶는다.
3. 채소 육수(p.211 참조), 치킨스톡, 월계수 잎을 넣고 15분 이상 끓인다.
4. 소금, 후춧가루로 간한 다음 먹을 만큼 내열용기에 담는다.
5. 바게트 위에 그뤼에르 치즈도 함께 올린다.
6. 230℃로 예열한 오븐에 ⑤를 넣고 10분 동안 굽는다. 오븐에서 꺼낸 다음 그라나 파다노 치즈를 듬뿍 갈아 올린다.

Tip. 양파를 태우지 않고 갈색 빛깔이 나도록 충분히 볶아야 수프의 깊은 맛이 우러난다.

전복죽

싱싱한 전복을 골라 내장까지 함께 넣고 끓이면 진하고 구수한 감칠맛이 살아난다.

재료 쌀1/2컵, 찹쌀 1/4컵, 전복(1kg 15미) 3~4개, 화이트 와인·간장 1작은술씩, 국간장(조선간장) 1큰술, 물 8컵, 소금 약간, 들기름 1큰술, 청주 1큰술

만드는 법
1. 쌀과 찹쌀은 깨끗이 씻어 30분 이상 불린다.
2. 믹서에 불린 쌀과 찹쌀을 넣고 1/2 정도의 굵기로 간다.
3. 전복은 솔로 구석구석 문질러 닦아 껍데기째 냄비에 넣고, 물 1컵을 붓고 청주 1큰술을 넣어 30분간 찐다.
4. 전복은 껍데기에서 떼내어 이빨을 제거하고 내장을 분리한다. 살은 도톰하게 어슷 썰고, 내장은 거칠게 다진다. 달군 냄비에 들기름을 두르고 전복을 넣어 5분간 볶다가 화이트 와인, 간장을 넣는다. 여기에 ②를 함께 넣고 볶는다.
5. 쌀이 투명하게 익으면 국간장을 넣고, 물을 부어 약불에서 15분간 뭉근하게 끓여 걸쭉한 농도로 만든다.
6. 마지막으로 전복 내장을 넣고 소금으로 간한다. 쌀이 퍼질 때까지 약불에서 저어가며 끓인다. 참기름을 살짝 넣어 마무리한다.

명란죽

톡톡 터지면서 특유의 고소한 맛을 내는 명란은 김과 함께 먹으면 잘 어울린다.

재료 쌀 1컵, 명란 80g, 포도씨 오일·청주 1큰술씩, 다진 마늘 1/2큰술, 물 7컵, 소금 1/2작은술, 후춧가루·간장·혼다시 1작은술씩, 김부각 약간

만드는 법
1. 쌀은 깨끗이 씻어 30분 동안 불린 다음 믹서에 넣고 1/2 정도의 굵기로 간다.
2. 명란은 냉동 상태에서 껍질에 칼집을 넣어 살만 발라낸다.
3. 달군 팬에 포도씨 오일을 두르고 마늘을 볶다가 향이 나면 명란과 청주를 넣는다.
4. 명란이 익기 시작하면 ①의 쌀과 물을 넣고 끓인다.
5. 농도가 걸쭉해지면 소금, 후춧가루, 간장, 혼다시로 간한다.
6. 바삭한 김부각을 얹어 낸다.

Tip. 명란이 냉동 상태일 때는 얇은 껍질을 벗기기 쉽지만 냉장 상태일 때는 길게 칼집을 낸 다음 숟가락으로 알만 긁어서 요리한다.

단호박녹두죽

불린 녹두를 통째로 넣고 끓여 톡톡 씹히는 식감이 독특하고 좋은 건강죽.

재료

단호박 1통 물 1컵
물 5컵 우유 2컵
녹두 1컵 설탕 1/3컵
찹쌀가루 2½컵 소금 1작은술

만드는 법

1. 단호박은 전자레인지에 3분 정도 돌려 반으로 자른 다음 조각낸다. 씨를 제거하고 껍질을 벗겨 살을 바른 뒤, 냄비에 넣고 물 5컵(잠길 만큼)을 부어 20분간 끓인다.
2. 삶은 단호박은 물과 함께 믹서에 넣고 갈아준다.
3. 마른 녹두는 4시간 이상 충분히 불려 깨끗이 씻는다. 손으로 여러 번 반복해서 비벼 껍질을 깨끗이 제거한다.
4. ②를 다시 냄비에 넣고 끓이면서 ③의 불린 녹두를 함께 넣고 20~30분간 끓인다.
5. 찹쌀가루에 물 1컵을 부어 잘 개어준 뒤 ④에 넣고, 눌지 않게 약불에서 저어가며 끓인다.
6. ⑤에 분량의 우유, 설탕 소금을 모두 넣고 끓여 완성한다.

Tip. 거피된 녹두는 국산으로 구입한다. 껍질을 벗기는 경우에는 계속 비비면서 껍질이 거의 없어질 때까지 씻어내야 한다.

팥죽

팥죽은 뜨겁게 먹어도 맛있지만 차게 먹어도 별미인 음식이다. 좀 더 달콤하게 먹고 싶다면 설탕을 넣어도 좋다.

재료 팥 2컵, 쌀·찹쌀 1컵씩, 물 12컵, 소금 1큰술, 설탕 1작은술

만드는 법
1. 쌀과 찹쌀은 깨끗이 씻어 30분 이상 불린다.
2. 팥은 깨끗이 씻어 반나절을 불린다. 한 번 부르르 끓인 뒤 물을 버리고, 다시 물을 부어 30~40분 정도 익힌다.
3. 불린 쌀과 찹쌀은 1/2 굵기로 갈아놓는다.
4. 냄비에 ②, ③을 섞어 넣고 물 12컵을 부어 끓이다가 핸드 믹서로 간다. 약불에서 나무 주걱으로 잘 저어가며 한소끔 끓인다.
5. 걸쭉해지면 소금으로 간한다.
6. 기호에 따라 설탕을 넣어 먹는다.

Tip. 팥은 껍질에 영양분이 듬뿍 함유되어 있으므로 굳이 체에 내리지 않아도 된다. 정성껏 완성한 팥죽은 냉장고에 보관해 차갑게 먹어도 맛있다.

황태연두부죽

시원한 황탯국에 두부를 넣어 죽으로 응용한 부드럽고 구수한 맛의 건강 한 끼.
수란까지 하나 넣어주면 영양 밸런스가 완벽해진다.

재료(2인분)   황태채 50g, 쌀 1컵, 찹쌀 1/2컵, 연두부 2/3모(또는 생식용 두부 1/2모), 북어멸치 육수 8컵, 국간장 2큰술, 소금 약간, 쪽파 약간, 참기름 3큰술, 수란 2개

만드는 법
1. 황태채는 밀가루를 섞은 물에 넣고 조물조물 주물러 잡내를 제거한다. 깨끗이 씻은 다음 잘게 썰어 준비한다.
2. 찹쌀과 쌀은 함께 30분 정도 불려 믹서에 넣고 70% 정도로 갈아둔다.
3. 냄비에 참기름과 ①, ②, 북어멸치 육수를 넣고 끓인다. 이때 국간장과 소금으로 간을 맞춘다.
4. 연두부를 살포시 으깨어 넣고 함께 끓인 뒤 볼에 옮겨 담는다. 마지막으로 수란과 송송 썬 쪽파를 올려 낸다.

Tip. 수란을 만들 때는 우선 끓는 물에 식초를 넣고(물 1L 기준, 식초 3큰술) 젓가락으로 물을 휘젓는다. 물에 회오리가 일면 달걀을 조심히 깨뜨려 넣고, 흰자가 익으면 바로 체로 건져 찬물에 담가 식히면 된다.

민어죽

궁중음식에서 최고의 죽으로 꼽히는 어죽이다. 민어철에 육수를 이용해 끓여내면 구수한 맛의 든든한 별미 식사로 손색없다.

재료

민어 육수 5컵
쌀 1컵
찹쌀 1/2컵
노각 1/4개
방울토마토 7~8개
밤 5~6개
쑥갓 100g
소금 약간

*양념
된장 1큰술
국간장(조선간장) 1큰술
소금 약간
참치액젓 1작은술

만드는 법

1. 쌀과 찹쌀은 커터에 함께 넣어 살짝 간다.
2. 노각은 깍둑썰기 해 소금에 절인 뒤 꼭 짜둔다.
3. 방울토마토는 2등분한다.
4. 밤은 깍둑썰기 한다.
5. 쑥갓은 데쳐서 송송 썰어둔다.
6. 민어 육수(p.196 참조)에 쌀, 찹쌀 간 것을 넣어 죽을 끓인다.
7. 된장을 넣어 풀어주고, 분량의 양념 재료들을 함께 넣는다.
8. 노각과 밤을 넣고 끓이다가 방울토마토를 넣는다. 마지막으로 데친 쑥갓을 넣고 소금으로 간한다.

그릇

결혼할 때 친정어머니가 백자 한 세트를 사주셨다. 오래전이라 노리다케 홈 세트도 가져왔지만 새댁 시절부터 항상 도자기를 구입해 쓰게 되었다. 로얄 알버트 같은 유명 브랜드도 이상하게 쓰다 보면 질리고, 음식을 담았을 때 예쁘지가 않았다.

클래스를 하다 보니 큼직한 그릇들이 많이 모였다. 한편으로 같은 아파트에 사는, 화가의 부인이자 갤러리를 운영하는 분과 친해지면서 자연스레 작가 도자기에 관심을 갖게 되었다. 이렇게 하나씩 모으기 시작한 것이 이제는 방 하나 공간을 차지한다.

이들을 꾸준히 사용하면 내가 좋아하는 특색과 재질, 모양을 알게 된다. 개인적으로는 트렌디한 작가, 작품도 좋지만 튼튼하고 내구성 높은 백자를 좋아한다. 구입해 20년을 사용해온 이영호 선생님의 질 좋은 흙을 사용한 백자는 아직도 싫증 나지 않고 고급스러우며 사용할 때마다 마음이 편해진다. 이헌정 선생님, 이정미 선생님 작품처럼 세련되고 얇지만 튼튼한 식기도 좋고, 음식을 잘 알아 용도에 맞게 디자인하는 이윤신 작가의 그릇도 애용한다. 디자인과 감각의 지존인 허명욱 선생님의 옻칠 트레이와 주석 컵은 다소 무리해 구입했지만, 세련된 색감과 디자인으로 무엇을 올려도 품이 나니 항상 든든하다. 작가 작품인 식기들은 사실 가격이 만만치 않아 사용하기에 조심스러운 면도 있다. 그 대신 이들을 심플한 도기 그릇과 섞어 포인트로 사용하면 우리 그릇에 대한 애정도 생기면서 그만큼 요리하고 싶은 마음도 커진다.

식탁은 음식이 있는 대화의 장인 만큼 차림새도 중요하다. 좋은 식기만 있으면 호박나물새우젓 하나를 내어도 요리가 될 만큼 담음새가 중요하다.

단, 나만의 한 가지 고집스러운 법칙은 예전이나 지금이나 여전하다.

음식은 무조건 풍성하게 담을 것.

아끼는 그릇들을 이용한 일상의 플레이팅. 정말 마음에 드는 것을 한 품씩 구입할 때마다 '여기에는 어떤 음식을, 어떻게 담을까' 하고 상상해본다. 가끔 일적인 필요에 따라 식기 세트를 구입하며 뿌듯해하는 것과는 차원이 다른, 흥미로운 순간이다. 개인 취향은 다르겠지만 아름다운 그릇은 좋아하는 음식을 좋아하는 방식대로 담는 캔버스가 되어주기 때문이다.

그런 의미에서 제안한다. 적당한 크기의 1인용 트레이나 큼직한 접시는 누구나 취향에 맞는 디자인 제품을 기본으로 갖춰두면 좋을 것이다. 가족 브런치에, 손님 다과상에, 혼자만의 시간에도 큰 활약을 하며 음식을 마주하는 사람의 기분까지 즐겁게 해준다.

맛은 진화를 거듭해도,
매순간 중요한 것은 밸런스다

1990년대 중반에 요리 강의를 시작했다. 한 팀을 받기 시작하니 계속 이어졌다. 이때 대치동 젊은 주부들에게 인기 있었던 이유는 생활방식에 맞춘 콘셉트 덕분이었다. 나는 그때도 지금도 '한식 요리' 전문가가 아니다. 당시 맞벌이하는 젊은 여성은 세련된 맛, 새로운 메뉴를 원했고 아이를 키우는 입장에서는 아이 입맛에 맞춰 매일 쉽게 응용할 수 있는 레시피가 필요했다. 파스타와 샐러드, 그라탱 등의 메뉴가 단연 인기를 끌었고, 무엇보다도 냉장고 속 기본 재료를 활용한 '계량화된 레시피'라는 개념은 요리에 서투른 사람들에게도 친숙한 매뉴얼이 되었을 것이다.

10년간의 대치동 선생님을 마무리하고, 이촌동으로 옮긴 후에도 10년을 더 요리 선생님으로 활동했다. '무엇이 달라졌을까'. 지금 와서 생각해보니 그렇다. 대치동 시절에는 예전부터 배워온 요리를 위주로 해 사람들을 가르쳤다. 그런데 이촌동 수업부터는 작은 변화가 생겼다. 〈폼 나는 스피드 요리〉라는 첫 책이 출간되어 요리에 대한 생각이 커진 시기이기도 하지만, 그보다는 '우정욱식 메뉴'가 생기기 시작한 점을 의미로 꼽는다.

내 요리 철학은 언제든 한식을 고집하는 방향이 아니었다. 20여 년이라는 시간 동안 가정에서 즐기기 좋은 요리를 가르쳐온 내 음식에는 사람들이 칭찬해주는 기본 손맛과 함께, 여러 나라를 여행하며 현지에서 얻은 맛의 경험이 담겨 있다. 그리고 개인적으로 이런 스타일을 즐기면서 요리한다. 단지 나이가 들수록 한식의 매력에 빠지게 되었고 '한식을 더 잘 만들고 싶다'는 생각을 갖게 된 것이 사실이다. 사람들은 감사하게도 내 요리에 대해 물려받은 손맛, 엄선한 재료, 엄격한 조리법의 조화라는 평을 해준다. 그러나 사실 스스로가 인정하는 진짜 손맛이 생긴 것은 불과 5~6년 전부터다. 당시의 특별한 경험이 있다. 18일 동안 터키, 스웨덴에서 매끼 30~40명의 이슬람인들의 식사를 담당했고, 이 과정을 거치면서 내 손맛에 대해 인정하기 시작했다.

생각해보면, 결국 요리는 밸런스다. 맛을 다양하게 즐기고 싶은 욕구와 요리를 더 맛있게 하고 싶은 바람 역시 이 '밸런스'를 유지하고 싶기 때문이다. 내게는 예전부터 '한식은 한식만, 중식은 중식만'이라는 공식은 없었다. 많은 식당을 돌아다니며 두루 맛보고, 한식·일식·중식 모든 분야를 두루 배우면서 나만의 맛 밸런스를 찾아왔다. 그 덕분에 요리 선생님을 하면서도 젊은 주부들의 다국적 취향을 충족시켜줄 수 있었고, 현재의 내 식당 역시 이런 메뉴들로 사랑받고 있다.

Homemade Meal

음식의 맛은 재료의 밸런스다.
한편으로
맛은 담음새를 통해서도 생겨난다.
긴 요리 인생을 거치며
일상의 식탁을 위해 하나둘, 끊임없이
다양한 식기를 모으게 된 이유다.

Korean soup & stew

맛에 다채로운 리듬감을 선사하다

국물 요리는 육수가 가장 중요하다.
소금, 국간장 그리고 액젓이 기본이 된다.
특히 국간장은 좋은 것을 골라 써야 하고,
마지막 단계에 소금간을 꼭 해줘야 정확한 맛을 낼 수 있다.
또 들어가는 재료의 밸런스도 항상 염두에 두어야 한다.
뜨겁고, 시원하고, 개운하고.
국물 요리 한 그릇은 식사에 다채로운 리듬감을 준다.

소고기미역국

푹 삶은 양지머리를 찢어 넣고 국물과 함께 먹는 대표 미역국. 업진살은 양지 중 가장 고소한 부분으로, 기름기가 많아 적은 양을 넣어도 맛있다.

재료

마른 미역 50g(불린 미역 150g)
업진살 200g
국간장 2큰술
참기름 1큰술
생수 6컵
참치액젓·소금 1작은술씩
다진 마늘 1큰술

*고기 양념
다진 파 2큰술
다진 마늘·참기름 1큰술씩
소금 1작은술
후춧가루 약간

만드는 법

1. 미역은 찬물에 담가 부드럽게 불린다.
2. 불린 미역은 바락바락 주물러 씻어 거품을 없앤 다음 물기를 꼭 짜 먹기 좋게 썬다.
3. 업진살은 얇게 썰어둔다.
4. 냄비에 국간장과 참기름을 두르고 ②의 미역을 넣어 양념이 밸 때까지 충분히 볶는다. 여기에 업진살도 함께 넣고 볶는다.
5. 생수 2컵을 붓고, 끓으면 다시 생수 2컵을 부어 중약불에서 국물이 뽀얗게 우러날 때까지 끓인다.
6. 남은 물 2컵을 넣고 끓이면서 다진 마늘과 참치액젓, 소금으로 간한다.

Tip. 미역은 중불에서 국물이 자작하게 우러날 때까지 충분히 볶아야 국물 맛이 더욱 좋아진다. 특히 물을 순서대로 조금씩 나눠 부으면서 계속 끓여주어야 제맛이 난다.

양지머리뭇국

서울 사람들이 생일날 미역국 대신 끓여 먹는 국. 가을 무를 듬뿍 넣고 푹 끓이면 제맛이다.

재료
무 200g, 대파 1대, 국간장 1/2큰술, 다진 마늘 1작은술, 소금·후춧가루 약간씩
*양지 육수 양지머리 400g, 물 5컵, 양파 1/2개, 무 200g, 대파 2대, 통후추 약간
*고기 양념 국간장 1큰술, 다진 마늘 1작은술, 참기름 1/2작은술, 후춧가루·다진 파 약간씩

만드는 법
1. 양지머리는 찬물에 20분 정도 담가 핏물을 빼고 덩어리로 준비한다.
2. 냄비에 찬물을 붓고 양지머리와 나머지 재료를 함께 넣어 육수를 끓인다. 팔팔 끓으면 육수 표면에 뜬 거품을 걷어내며 40분간 끓인다.
3. 채소와 통후추를 건져내고 그대로 한 김 식힌 다음, 고기는 건져서 잘게 찢어 고기 양념에 무친다. 고기 육수는 면 보자기에 거른다.
4. 무는 나박 썰기 하고, 대파는 4cm 길이로 썬다.
5. 냄비에 고기 육수와 무를 넣고 양념에 무친 고기를 넣어 한소끔 끓인 뒤 대파, 다진 마늘, 국간장을 넣고 소금, 후춧가루로 간한다.

Tip. 미리 끓여놓은 고기 육수(p.211 참조)가 있으면 그대로 사용한다. 고기는 기름기 적은 양지나 사태를 넣는다.

무토장국

무가 맛이 들기 시작하는 늦가을부터 겨울 내내 끓여 먹을 수 있는 국. 입맛을 돌게 하고 감기 예방에도 좋다.

재료 무 300g, 대파 1/2대, 마른 청양 고추 2개, 양지 육수 5컵(또는 양지 300g), 된장 2~3큰술, 다진 마늘 1/2큰술, 소금 약간

만드는 법
1. 무는 두께 1cm, 길이 5cm 크기로 도톰하게 채 썬다.
2. 대파는 어슷 썰고, 마른 고추는 가위로 2등분한다.
3. 냄비에 양지 육수를 붓고 끓으면 된장을 체에 걸러가며 푼다. 고기 육수가 없을 때는 양지를 볶다가 물 5컵을 넣고, 끓으면 된장을 체에 걸러 사용한다.
4. ③에 무를 넣고 끓으면 대파, 마른 고추, 다진 마늘을 넣고 한소끔 끓여 소금으로 간한다.

Tip. 무를 너무 가늘게 채 썰면 끓이는 동안 쉽게 물러 국물이 지저분해지고 식감도 떨어진다. 고기 육수가 없다면 국거리용 소고기를 넣고 끓이면 된다.

황탯국

피를 맑게 해주어 간 해독에도 탁월한, 한국인이 가장 즐겨 먹는 해장국.

재료 황태채 200g(황태 밑간: 참기름 1큰술, 소금·간장 1작은술씩, 후춧가루 약간), 쪽파 6뿌리, 밀가루·소금 약간씩, 물 1/2컵, 두부 1/2모, 무 200g, 참기름·국간장 1큰술씩, 황태머리 육수 5컵, 다진 마늘 1/2큰술

만드는 법
1. 황태채는 먹기 좋은 크기로 잘라 밀가루와 물을 넣고 주물러 씻는다.
2. 물에 헹궈 꼭 짠 다음 밑간 양념에 무친다.
3. 두부는 두께 1cm, 사방 3~4cm 크기로 썬다.
4. 무는 4cm 길이로 도톰하게 채 썰고, 쪽파도 같은 길이로 썬다.
5. 냄비에 참기름을 두르고 밑간한 황태를 볶는다.
6. 황태머리 육수(p.211)를 붓고 끓으면 무와 두부, 국간장, 다진 마늘을 넣고 뚜껑을 덮어 15분 정도 끓인다.
7. 쪽파를 넣어 마무리한다.

Tip. 황태채는 가시를 제거하고 3cm 길이로 잘라 밀가루와 물을 약간 넣고 무쳐 10분간 깨끗이 씻어준다. 잡내를 없애주며 맑고 뽀얀 국을 끓일 수 있다.

시금치 콩나물국

콩나물이 들어가 훨씬 시원하고 개운한 맛을 내는 시금치된장국.

재료 시금치 1단, 콩나물 200g, 멸치 육수 4컵, 된장 3큰술, 고춧가루 1작은술, 대파 1/2대, 다진 마늘 1/2큰술, 국간장 1큰술, 소금 약간

만드는 법
1. 시금치는 깨끗이 씻어 4cm 정도 길이로 썰고, 콩나물은 깨끗이 씻어둔다. 대파는 어슷 썬다.
2. 멸치 육수에 된장을 체에 걸러 푼 다음 고춧가루를 넣어 한소끔 끓인다.
3. ②에 시금치를 넣고 10분간 끓이고, 콩나물을 넣어 다시 5분간 끓인다.
4. 다진 마늘, 국간장, 소금을 넣어 간을 맞춘 뒤 대파를 넣어 마무리한다.

Tip. 된장국을 끓일 때 고춧가루를 조금만 넣어주면 아주 담백한 맛을 낼 수 있다.

감잣국

감자를 썰고 달걀을 풀어 쉽고 빠르게 만들 수 있는, 시원하고 든든한 국.

재료 감자(중간 크기) 3개, 양파 1/2개, 쪽파 3뿌리, 청양 고추 1개, 달걀 2개, 멸치 육수 5컵, 소금·후춧가루 약간씩
*양념 다진 마늘 1큰술, 국간장·참치액젓 1작은술씩

만드는 법
1. 감자는 껍질 벗겨 길게 2등분해 0.3cm 두께로 나박 썰기 한다.
2. 양파는 채 썰고, 쪽파와 고추는 송송 썬다.
3. 달걀은 그릇에 푼다.
4. 냄비에 멸치 육수와 감자를 넣어 한소끔 끓으면 양파와 고추, 양념을 넣고 감자가 푹 익도록 중불에서 15분 정도 끓인다.
5. 달걀을 줄알 쳐 넣고 대파를 넣은 다음 소금, 후춧가루로 간한다.

Tip. 달걀 줄알을 칠 때는 실처럼 흘려 넣은 뒤 젓지 않는다. 푼 달걀을 넣고 바로 휘저으면 달걀이 가루처럼 흩어져 맛도 모양도 떨어진다.

가지냉국

찬 성질을 지닌 여름 채소인 가지를 넣어 더위에 지친 몸을 식혀주는 냉국.

재료 가지 2개, 오이 1/2개, 쪽파 1뿌리, 식초 1½큰술, 물 4컵, 얼음 적당량, 참기름 1작은술, 소금 약간, 통깨 약간
*재움 양념** 다진 마늘 1/2큰술, 고춧가루 1작은술, 설탕 1/2작은술, 깨소금 1작은술, 참치액젓 1작은술

만드는 법
1. 깨끗이 씻은 가지는 반으로 길게 자른 뒤 4등분한다. 오이는 씨를 빼고 4cm 길이로 얇게 채 썬다.
2. 가지를 찜통에 넣어 5분간 찌고, 꺼내서 바로 찬물에 헹궈 굵게 찢어둔다.
3. 가지와 오이를 분량의 재료를 섞어 만든 재움 양념에 30분간 재워둔다.
4. 물을 붓고 얼음, 식초를 넣은 뒤 소금을 넣어 간한다. 송송 썬 쪽파를 얹고 깨를 뿌린 다음 참기름을 약간 넣는다.

Tip. 냉국에 사용하는 가지는 너무 푹 찌지 말고 5분간만 쪄서 사용해야 식감이 좋다.

배추속대국

초겨울 김장철, 맛있는 배추가 풍성할 때 끓여 먹는다. 배추의 시원한 맛과 된장의 구수한 맛이 어우러져 밥과 잘 어울린다.

재료 배추속대 8장, 대파 1/2대, 마른 청양 고추 2개, 육수 낸 양지머리 적당량, 고기 육수 5컵, 된장 2큰술, 다진 마늘 1큰술, 고춧가루 1작은술, 소금 약간

만드는 법
1. 배추는 깨끗이 씻어 길게 반 갈라 4등분한다.
2. 대파는 어슷 썰고, 마른 고추는 가위로 3~4등분한다.
3. 양지머리는 먹기 좋게 찢는다.
4. 냄비에 고기 육수를 붓고, 끓으면 된장을 푼 다음 배추를 넣고 20분 정도 푹 끓인다.
5. 다진 마늘과 대파, 마른 고추, 찢어둔 고기를 넣고 고춧가루를 넣는다. 배추가 부드럽게 익을 때까지 약불에서 뭉근하게 끓인 뒤 소금으로 간한다.

Tip. 마른 청양 고추는 재래시장에 가면 구입할 수 있는데 일반 마른 고추보다 작고 훨씬 맵다. 마른 청양 고추 2개를 3~4등분한 다음 물 4컵에 넣어 끓이는 것을 기준 삼아 요리해보자.

냉이얼갈이국

제철 냉이는 얼갈이나 봄동과 함께 된장국을 끓이면 그 향과 맛이 일품이다.

재료 얼갈이 200g, 냉이 100g, 멸치 육수 4컵, 된장 3큰술, 고춧가루 1작은술, 다진 마늘 1작은술, 국간장 1작은술, 소금 약간, 대파 1대

만드는 법
1. 얼갈이는 살짝 데쳐 3~4cm 정도 길이로 자른다.
2. 냉이는 흙을 잘 털고 깨끗이 씻어 2cm 길이로 송송 썬다. 대파는 어슷 썬다.
3. 멸치 육수에 된장을 풀고 냉이와 얼갈이를 넣어 한소끔 끓인다. 고춧가루와 다진 마늘, 국간장을 넣고 끓이면서 소금으로 간한다.
4. 마지막에 대파를 넣어 마무리한다.

Tip. 제철에 구입한 냉이를 잘 손질해 살짝 데쳐 얼려두면 한 해 동안 두고두고 국물 요리에 이용할 수 있다.

김치찌개

돼지고기를 넣고 끓인 김치찌개도 맛있지만, 김장김치가 맛있다면 멸치를 듬뿍 넣어 들기름과 함께 끓인 김치찌개도 적극 추천한다. 담백하고 깔끔한 맛에 감탄하게 된다.

재료

김장김치 1포기
국물용 멸치 1주먹
물 4컵
식용유 2큰술
설탕 1작은술
고춧가루 1큰술
들기름 2큰술
대파 1대

만드는 법

1. 김치는 속을 털어내고 5cm 길이로 썬다.
2. 멸치는 머리와 내장을 제거하고 전자레인지에서 3분간 돌린 뒤 식힌다. 육수용 팩에 넣어 준비한다.
3. 냄비에 김치와 멸치팩, 분량의 물을 넣는다. 분량의 식용유, 설탕, 고춧가루를 함께 넣고 30분 정도 푹 끓인다.
4. 멸치팩을 건진 뒤 들기름과 어슷 썬 대파를 넣고 한소끔 끓여 마무리한다.

Tip. 멸치는 전자레인지 대신 마른 팬에 노릇하게 볶아 사용해도 좋다.

멸치된장찌개

구수한 멸치 국물에 청양 고추를 넣어 칼칼한 맛을 즐기는 된장찌개.

재료 무 50g, 감자 1개, 느타리버섯·양송이버섯 80g씩, 두부 1모, 애호박 1/2개, 청양 고추 2개, 대파 약간, 다진 마늘 1작은술, 멸치 육수 2컵, 소고기 100g, 생수 1컵, 된장 3큰술, 고춧가루 1작은술

만드는 법
1. 감자는 껍질을 벗겨 길게 2등분한 뒤 작게 깍둑 썬다.
2. 무는 두께 1cm, 사방 3~4cm 크기로 썰고, 양파는 굵게 다진다.
3. 두부는 무와 같은 크기로 썰고, 고추와 대파는 송송 썬다. 애호박도 1cm 두께로 1/4등분해 썬다.
4. 뚝배기에 멸치 육수를 붓고 끓으면 된장을 푼다. 이때 콩 건지도 같이 넣는다. 감자와 무를 함께 넣고 10분 정도 끓인다.
5. 양파, 고추, 고춧가루, 다진 마늘, 소고기, 애호박을 넣고 한소끔 끓인다.
6. 국물 표면에 뜬 거품을 숟가락으로 걷어내고 두부와 대파를 넣어 살짝 끓인다.

Tip. 멸치 육수에 소고기가 들어가면 최상의 맛을 낸다.

청국장찌개

구수한 청국장과 소고기, 김치가 한데 어우러져 진한 맛이 일품이다. 푸짐한 건더기에 밥을 슥슥 비벼 먹으면 맛있다.

재료 소고기(국거리용) 200g, 잘 익은 김치 150g, 무 50g, 두부 1모, 풋고추 2개, 대파 1대, 들기름 1/2큰술, 물 3컵, 청국장 2~3큰술, 된장·다진 마늘 1큰술씩, 고춧가루 1작은술

만드는 법
1. 소고기는 키친타월로 핏물을 제거한 다음 사방 2cm 크기로 썰고, 김치는 송송 썬다.
2. 무는 두께 1cm, 사방 3~4cm 크기로 썰고, 두부는 무와 같은 크기로 썬다.
3. 고추와 대파는 어슷 썬다.
4. 냄비에 들기름을 두르고 소고기와 김치를 넣어 볶는다.
5. 물을 붓고 무를 넣은 다음 청국장과 된장을 풀어 끓인다.
6. 고추와 고춧가루, 다진 마늘, 대파를 넣고 한소끔 더 끓인다.

Tip. 김치가 투명해지고 고기가 익을 때까지 충분히 볶아야 국물이 한층 진해진다.

감자차돌박이 고추장젓국

새우젓으로 간한 매콤한 젓국 국물 속의 푹 무른 감자를 밥에 쓱쓱 비벼 먹으면 기막히게 맛있다.

재료

차돌박이 100g(차돌박이 양념: 청주·참기름 1작은술씩, 후춧가루 약간), 감자 300g, 대파 1/2대, 멸치 육수 2컵, 고추장 2큰술, 고춧가루 1큰술, 청장 1작은술, 다진 마늘 1작은술, 새우젓 3큰술, 소금 약간

만드는 법

1. 차돌박이는 냉동 상태에서 2~3등분해 양념에 버무려둔다.
2. 감자는 껍질을 벗겨 길게 반으로 자른 뒤 큼직하게 6등분해 썬다.
3. 뚝배기에 감자를 넣고 볶는다. 멸치 육수를 붓고 고춧가루와 기름, 고추장, 청장을 넣고 20분 정도 푹 끓인다.
4. 차돌박이를 넣고 새우젓으로 간한 다음, 파를 넣고 한소끔 끓여 걸쭉한 농도의 찌개를 완성한다.

Tip. 차돌박이를 넣는 찌개나 젓국은 꼭 새우젓을 넣어 간을 맞춰보자. 잡냄새를 잡아줘 국물 맛이 진하면서도 깔끔하다.

순두부찌개

조개와 김치, 순두부를 넣고 얼큰하게 끓이는 찌개. 양념을 미리 만들어 숙성시킨 뒤 사용하면 맛이 한층 깊어진다.

재료 풋고추 2개, 대파 1대, 김치 50g, 조갯살 100g, 소고기(국거리용) 100g, 물 2컵, 간장·맛술·참기름 1작은술씩, 설탕·후춧가루 약간씩
*양념 고춧가루·국간장·다진 파·카놀라 오일 1큰술씩, 다진 마늘 2작은술, 참기름 1작은술, 소금 약간

만드는 법
1. 풋고추와 대파는 송송 썰고, 김치는 양념을 살짝 털어내고 송송 썬다.
2. 조갯살은 소금물에 헹군다.
3. 뚝배기에 다진 파, 고춧가루, 카놀라 오일과 나머지 분량의 양념 재료를 모두 넣고 약불에서 볶는다. 고추기름이 배어나면 소고기와 김치를 넣고 볶는다.
4. 물을 붓고 끓으면 조갯살과 풋고추를 넣는다.
5. 순두부는 큼직하게 반으로 잘라 넣고 한소끔 끓인다.
6. 간장, 맛술, 참기름, 설탕, 후춧가루로 간하고 대파를 넣어 한소끔 끓인다.

Tip. 달걀을 넣어 먹고 싶다면 대파를 넣은 다음 달걀을 깨 넣고, 바로 뚜껑을 덮고 불을 끈다.

백명란두부찌개

냉동실에 묵혀두었던 명란을 활용해
무와 소고기를 넣고 시원하게 끓인 찌개.

재료

백명란 100g
소고기(다진 것) 80g
(고기 밑간:
다진 마늘·참기름 1작은술씩,
후춧가루 약간)
무 50g
두부 1/2모
애호박 1/2개
풋고추·홍고추 1개씩
대파 1대
멸치 육수 3컵
고춧가루 1작은술
국간장 1큰술
새우젓 1/2큰술

만드는 법

1. 백명란은 2cm 길이로 썰어둔다.
2. 소고기는 밑간 재료로 양념해둔다.
3. 무는 두께 1cm, 사방 2~3cm 크기로 썬다. 두부도 무와 같은 크기로 썬다. 애호박은 반달 모양으로 썬다.
4. 고추와 대파는 송송 썬다.
5. 달군 냄비에 밑간한 소고기를 넣고 볶는다.
6. 무와 고춧가루를 넣고 멸치 육수를 부어 끓으면 두부, 고추, 대파, 명란을 넣고 10분 정도 끓인다.
7. 국간장과 새우젓으로 간해 한소끔 끓인다.

Tip. 명란젓에 간이 배어 있으므로, 마지막에 국간장과 새우젓으로 간할 때 짜지지 않도록 주의해야 한다.

해물깡장

밥에 한 숟가락 얹어 쓱쓱 비벼 먹는 깡장은 토속 음식이지만, 전복과 새우, 관자 등의 고급 해물을 넉넉히 넣고 채소도 풍성히 넣어 만들면 어디에도 비할 수 없는 고급 요리가 된다.

재료

전복 2개
새우(중하) 3~4마리
관자 1개
애호박 1/2개
두부 1/2모
풋고추 5개
청양 고추 2개
마늘 2톨
참기름 1/2큰술
멸치 육수 3컵

*양념장
된장 4큰술
참기름 1큰술
고추장 1/2큰술
고춧가루 1작은술

만드는 법

1. 전복은 조리용 솔로 구석구석 문질러 닦는다. 껍데기 사이로 숟가락을 넣어 살을 분리한 뒤 내장을 떼어낸다. 입 부분에 가윗집을 넣고 이빨을 제거한 뒤 물에 헹궈 사방 1cm 크기로 썬다.
2. 새우는 머리와 꼬리, 껍질을 제거하고 등 쪽 내장을 빼낸 뒤 1cm 폭으로 썬다.
3. 관자는 표면의 얇은 막을 제거해 사방 1cm 크기로 썬다.
4. 애호박과 두부는 1cm 크기로 깍둑 썬다.
5. 풋고추와 청양 고추는 송송 썰고, 마늘은 편으로 썬다.
6. 분량의 재료를 한데 잘 섞어 양념장을 만든다.
7. 팬에 참기름을 두르고 마늘을 볶다가 전복, 새우 관자를 넣고 볶는다. 애호박도 함께 넣고 볶는다.
8. 새우가 핑크색으로 익으면 멸치 육수 3컵을 붓는다. 여기에 양념장을 풀어 15분간 끓인다.
9. 두부, 고추를 함께 넣고 5분 정도 더 끓인다.

Tip. 깡장은 바특하게 끓여야 하므로 국물 양을 적게 잡도록 한다.

민어고추장찌개

민어는 국내에선 여름 생선의 제왕이라 불릴 정도로 영양과 맛이 뛰어난 식재료다. 특히 무더위로 지친 몸에 기운을 북돋아주어 얼큰한 찌개로도 즐겨 먹는다.

재료

민어(3kg) 1마리
둥근 호박 1개
양파 1개
대파 1대
쑥갓 1/2단

*양념장
고추장 3큰술
고춧가루·국간장 1작은술씩
다진 마늘 1큰술
후춧가루 약간

만드는 법

1. 민어는 칼등으로 비늘을 긁어내고 내장을 꺼낸 뒤 살만 준비한다. 민어 살은 석장 포뜨기로 큼직하게 잘라두고 내장은 따로 담아둔다.
2. 둥근 호박은 큼직하게 6등분해 썰고, 양파는 4등분으로 썬다.
3. 끓는 물에 민어 뼈와 머리를 넣고 양파, 대파도 함께 넣어 1시간 이상 푹 끓여 국물만 체에 밭쳐낸다. 이때 체에 남은 민어 살은 모두 긁어내 따로 담아둔다.
4. 민어 육수에 분량의 재료를 섞어 만든 양념장과 호박, 양파를 넣고 푹 끓인다.
5. 육수에 민어 내장과 생선 살을 넣고 쑥갓을 듬뿍 올려 끓여 마무리한다.

Tip. 민어 살에 육수를 끼얹어가며 익히면 살이 부서지지 않고 모양대로 잘 익는다. 육수는 2시간 이상 우린다.

대구지리

고춧가루를 풀지 않아 깔끔하고 시원한 국물 맛이 일품. 냉동 대구로 끓여도 맛있고, 겨울에는 싱싱한 생대구로 끓인다.

재료

대구 1마리
(대구 밑간: 청주 1큰술,
국간장·참기름 1작은술씩,
후춧가루 약간)
무 100g
두부 1/2모
대파 2대
쑥갓 적당량
홍고추 2개
가다랑어 육수 4컵
다진 마늘 1큰술
소금·후춧가루 약간씩

만드는 법

1. 대구는 깨끗이 씻어 토막 낸 다음 체에 얹어 끓는 물을 살짝 끼얹는다.
2. 손질한 대구는 밑간해 10분 정도 재운다.
3. 무는 나박 썰기 하고, 두부는 무와 비슷한 크기로 썬다.
4. 대파는 어슷 썰고, 쑥갓은 깨끗이 씻어 4cm 정도 길이로 썬다.
5. 홍고추는 어슷 썬다.
6. 냄비에 가다랑어 육수(p.211 참조)를 붓고 무와 홍고추를 넣어 끓인다.
8. 대구 살을 넣고 10분간 끓인 뒤 위에 쑥갓을 얹어 마무리한다.

Tip. 생대구는 집에서 손질하기 쉽지 않으므로 구입할 때 내장을 제거한 다음 토막 내서 머리와 뼈까지 함께 챙겨 온다.

백합어묵탕

백합 맛이 우러난 육수를 베이스로
끓이는 시원하고 개운한 어묵탕.

재료

수제 어묵 200g
백합 6~7개
두부 1/2모
식용유 약간
우엉 1대
무(10cm) 1/2토막
황금송이버섯 1/2팩
간장 1큰술
설탕 1작은술
후춧가루 약간

*육수(p.210, 211 참조)
멸치 육수 2컵
가다랑어 육수 2컵

만드는 법

1. 백합은 소금물에 해감한 뒤 깨끗이 씻는다.
2. 두부는 사방 3~4cm 크기로 네모나게 썰어 달군 팬에 식용유를 두르고 앞뒤로 노릇하게 굽는다.
4. 어묵은 데쳐둔다.
5. 우엉은 껍질을 벗기고 필러로 얇게 저민다.
6. 냄비에 육수 재료를 붓고 무를 넣어 끓인다.
7. 육수에 어묵, 두부, 황금송이버섯, 백합을 골고루 넣고 15분 정도 끓인 다음 간장, 설탕, 후춧가루를 넣는다.
8. 팔팔 끓으면 우엉을 듬뿍 얹고 불을 끈다.

Tip. 어묵을 끓는 물에 살짝 데치고 찬물에 바로 헹군 뒤 익히면 기름기를 줄일 수 있다. 어묵은 부산 자갈치시장의 수제 제품을 구입해 사용하면 훨씬 맛있다.

오징어찌개

맛있고 싱싱한 오징어가 많이 나오는 여름철에 무와 함께 끓인다. 시원한 맛이
일품이거니와 콩나물을 넣어 칼칼하게 끓이면 술안주, 해장 메뉴로도 두루 어울린다.

재료 생물 오징어 1마리, 밀가루 적당량, 무 50g, 콩나물 50g, 대파 1/2대, 다시마 육수 4컵, 고춧가루 1큰술, 다진 마늘·참치액젓 1작은술씩, 간장 1큰술, 소금·후춧가루 약간씩

만드는 법
1. 생물 오징어는 내장을 제거하고 밀가루를 뿌려 주물러 씻은 다음 물에 헹군다.
2. 손질한 오징어는 직사각 모양으로 썬다.
3. 무는 한입 크기로 납작하게 썰고, 대파는 어슷 썬다. 콩나물은 물에 담가 씻은 뒤 체에 밭쳐둔다.
4. 냄비에 다시마 육수(p.211 참조)와 무를 넣고 10분 정도 끓인 뒤 고춧가루와 오징어를 넣고 5분 정도 더 끓인다.
5. ④에 콩나물과 대파를 넣고 한소끔 끓인 다음 다진 마늘, 참치액젓, 간장, 소금, 후춧가루로 간한다.

배추해물만두탕

시판용 물만두와 해산물 몇 가지만 있으면 간편하게 끓일 수 있는 만둣국. 물녹말을 넣어 걸쭉하고 진한 국물 맛이 일품이다.

재료

물만두(냉동) 30개, 다진 생강 1/2작은술, 식용유 2큰술, 새우(중하) 150g, 오징어 100g, 표고버섯 2장, 배춧잎 3~4장, 간장·청주 1큰술씩, 멸치 육수 3컵, 물녹말(물 3큰술 + 녹말가루 1큰술), 참기름·후춧가루 약간씩

만드는 법

1. 물만두는 끓는 물에 다진 생강을 넣고 살짝 데친 뒤 얼음물에 담가 차게 식힌다.
2. 새우는 머리와 내장을 제거하여 깨끗이 씻고, 오징어는 몸통에 칼집을 넣어 3~4cm 두께로 썬다.
3. 표고버섯은 기둥을 제거하여 얇게 썰고, 배춧잎은 저며 썬다.
4. 달군 팬에 식용유를 두르고 새우, 오징어, 버섯을 넣고 살짝 볶는다.
5. ④에 간장, 청주를 넣고 살짝 볶는다.
6. 멸치 육수(p.210 참조)를 붓고 끓으면 데친 만두와 배추를 넣는다.
7. 물녹말을 섞어 푼 다음 참기름을 넣고 후춧가루를 뿌린다.

Tip. 오징어 대신 소라를, 청경채 대신 호부추를 사용하면 색다른 맛을 낼 수 있다.

불고기낙지전골

불고기와 낙지를 함께 먹으면 매운맛이 중화된다. 재료 맛이 밴 육수에 면을 넣거나 밥을 볶아 먹는 것도 필수 코스 중 하나다.

재료

낙지 300g
(낙지 양념: 소금 1/3큰술, 생강즙 1/2작은술, 참기름 1큰술, 후춧가루 약간)
소고기(불고깃감) 200g
(재움 양념: 간장·마늘·들기름 1작은술씩)
양파 1개
느타리버섯 100g
대파 3대
홍고추 2~3개
애호박 1/2개

생우동 면 1개
들깻가루 3큰술
후춧가루 약간

*육수
멸치 육수 4컵
미림 1/4컵
간장 1/2큰술
고춧가루 1/2큰술
소금·후춧가루 약간씩

*볶음 양념
간장 1큰술
설탕 1큰술
고춧가루 3큰술
다진 마늘 3큰술
매실청 3큰술
생강즙 1작은술
청장 1큰술
참기름 1큰술

만드는 법

1. 낙지는 밀가루를 뿌려 5분 정도 둔 뒤 조물조물 문지른다. 깨끗이 헹궈 체에 밭쳐두었다가 3~4cm 길이로 잘라 낙지 양념에 재워둔다.
2. 소고기는 불고깃감으로 준비해 적당한 크기로 썬 뒤 재움 양념에 20분 동안 재워둔다.
2. 느타리버섯은 굵게 찢는다.
3. 대파는 어슷 썰고, 홍고추는 4cm 길이로 채 썬다. 애호박은 1cm 두께의 반달 모양으로 썬다.
4. 분량의 재료를 섞어 볶음 양념장을 만든다.
5. 팬에 기름을 두르고 양파와 고기, 양념장을 넣어 볶다가 느타리버섯, 애호박, 낙지 순으로 넣으면서 볶는다.
6. ⑤에 육수를 부어 끓이기 시작한다.
7. 육수가 끓으면 준비한 면을 넣는다. 들깻가루, 후춧가루를 넣어 맛을 내어 마무리한다.

뚝배기불고기

달착지근하게 볶은 고기 국물에 당면을 넣고
익히면서 국물 쏙 배게 한 한 끼 식사.
밥 위에 고기와 당면, 버섯, 국물까지 듬뿍 얹어
비벼 먹으면 밥도둑이 따로 없다.

재료

소고기(불고깃감) 400g
양파 1/2개
당면 100g
생표고버섯 3개
만가닥버섯 1/2통
대파 1대
멸치 육수 3컵

*불고기 양념

배즙·양파즙 1/4컵씩
간장 3큰술
설탕 2큰술
다진 파·청주 1큰술씩
다진 마늘 1큰술
참기름 1작은술

만드는 법

1. 소고기는 먹기 좋게 썰어 키친타월에 올려 핏물을 제거한다.
2. 양파는 채 썰어 소고기와 함께 불고기 양념에 버무려 재운다.
3. 당면은 찬물에 담가 불린다.
4. 생표고버섯은 기둥을 제거하여 채 썰고, 만가닥버섯은 밑동을 자르고 가닥을 찢는다.
5. 대파는 어슷 썬다.
6. 달군 팬에 재운 고기를 볶아 익히다가 표고버섯, 대파를 넣고 자글자글 끓인다.
7. 뚝배기에 불린 당면과 어슷 썬 대파, 멸치 육수를 넣고 한소끔 끓인다.
8. 만가닥버섯을 넣고 한소끔 끓여 완성한다.

Tip. 소고기는 핏물을 빼지 않으면 잡냄새가 날 수 있다. 냉동이든 냉장 제품이든, 모든 소고기는 요리 전에 키친타월에 잠시 올려 핏물을 빼주는 것이 필수 과정이다.

육수(맛국물)

요리 맛을 깊게, 더욱 근사하게 완성하기 위해 필요한 것은 다양한 육수 즉 '맛국물'이다. 요리와 만드는 사람에 따라 쓰임새가 다르고 미묘한 맛의 차이가 생기는 것이 기본이며, 서양 요리를 이해하는 데에도 똑같이 중요한 문제이기 때문이다. 집에서 요리를 하고자 하는 사람이라면, 소개하는 기본 육수 몇 가지만 충실히 익혀 활용해 보기를 권한다.

육수

멸치 육수
멸치와 다시마 그리고 몇 가지 향신채로 만드는 맛국물은 우리 음식의 가장 기본이 되는 육수로 꼽힌다. 분말, 티백 제품 등을 구입해 바로 국물을 우려낼 수 있어 매우 편리해졌지만 제대로 우려낸 '맛있는' 국물 맛은 다른 곳에서 찾을 게 아니라, 직접 한번 만들어봐야 이해가 가기 마련이다. 불 조절과 타이밍만 신경을 잘 써주어도 누구나 생각보다 간단히, 맛있게 기본 육수를 만들 수 있다.

기본 멸치 육수 만들기
1. 국물용 멸치는 내장을 제거해 노릇한 색이 돌 때까지 잘 볶는다.
2. 생수 1L와 다시마 10cm 크기 1장, 양파 1/4개, 대파의 녹색 부분을 넣고 30분 정도 끓인다.
3. 다시마는 15분 끓인 뒤 먼저 건져낸다.
4. 육수는 냉동실에 저장하면서 사용한다.

가다랑어 육수
끓일수록 비린내가 나므로, 한소끔 끓어오르면 바로 불을 끄는 것이 맛내기의 비결이다. 냄비에 물 5컵과 10×10cm 크기의 다시마 2장을 넣고 센 불에서 끓기 시작하면 불을 끈다. 여기에 가다랑어포 30g을 넣고 3분 동안 국물을 우린 뒤, 면 보자기에 국물만 걸러 사용한다.

황태머리 육수
시원하면서도 달콤한 맛을 내 무, 배추 등을 넣고 속풀이용으로 끓여 먹는 요리에 좋다. 황태머리는 속의 아가미를 제거한 뒤 물에 헹궈 냄비에 넣는다. 멸치 육수 10컵을 넣고 뚜껑을 덮어 중약불에서 2시간 동안 끓여준다.

채소 육수
특별히 두드러지는 맛이 없어 모든 국이나 찌개에 활용할 수 있다. 채소 꼭지나 억센 줄기 등 남은 채소 무엇이든 넣고 푹 끓여 식힌 다음 냉장고에 두면 일주일 정도 보관이 가능하다. 약불에서 30분 정도 끓인 다음 체에 걸러 국물만 사용한다.

양지머리 육수
만둣국이나 뭇국 등에 사용하는 국물이다. 양지머리는 20분간 핏물을 뺀 뒤 씻어둔다. 향신물(양파 1/4개, 대파 잎)이 끓으면 고기를 넣고 50분~1시간 정도 끓인다. 냉장고에 넣어 기름을 굳힌 뒤 제거하고, 맑은 국물은 냉면 육수나 맑은 국을 끓일 때 사용한다.

다시마 육수
풍성한 감칠맛을 지닌 한편으로 맛과 향이 강하지 않아 다양한 요리 육수에 사용하기 좋다. 냉국을 만들 때 물 대신 다시마 육수를 이용해도 잘 어울린다. 다시마 10×10cm 크기 2장과 물 5컵을 냄비에 넣고 약불에서 15분간 끓인 뒤 다시마는 건져낸다. 육수를 식힌 다음 냉장고에 10일 정도 보관하며 먹을 수 있다.

조개 육수
해산물을 재료로 끓이는 국물 요리에 두루 잘 어울리며 육수 자체로 시원한 해장국이 된다. 해감한 모시조개 300g을 깨끗이 씻은 뒤 냄비에 물 5컵과 조개를 넣고, 물이 끓으면 대파 잎 부분 1대를 넣는다. 조개가 입을 벌리면 약불에서 5분 정도 더 끓인다. 체에 거른 국물은 육수로 쓰고, 조개는 찌개 등에 이용하면 된다. 식힌 육수는 김치냉장고에서 3일 정도 보관하며 먹을 수 있다.

밑반찬 선물

케이크나 쿠키 등 서양식 디저트를 선물로 구입하는 일은 흔한 반면, 늘 먹는 한식 반찬을 특별한 일용 양식으로 선물해야겠다는 생각은 드물다. 물론 기호에 따라 입맛도 제각각이지만, 요즘처럼 바쁘고 사 먹는 문화가 주류를 이룬 시대에는 '밥만 지어 바로 먹을 수 있는' 맛있는 고급 반찬 선물이 무척 소중한 것 같다.

고급 용기에 넣고 '먹는 법' '식자재' 등에 대한 설명까지 정성껏 기재해준다. 마지막으로 특별히 제작한 보자기에 싸서 선물한다면 받는 사람은 오래도록 기억에 남을 것이다. 나 역시 지인들에게 제철 재료로 만든 반찬 선물을 종종 보낸다. 전복초, 어리굴젓, 더덕구이, 연근우엉볶음, 떡갈비, 약고추장 등등. 모두 책에 소개된 음식이니 한번 만들 때 누군가에게 보내는 작은 요리 선물도 함께 마련해보기를 권한다.

side dish: vegetable

건강의 원천은 채소 반찬이다

늘상 차리는 밑반찬을 대하며
밥도둑이라고 말해주는 이를 만나면 뿌듯하다.
없으면 아쉽지만 막상 차려내면 별 생각 없이
대하게 되는 것이 밑반찬일 것이다.
그러나 제철 채소의 신선한 맛을 살려 양념으로 무치고
기름에 볶고 뭉근히 조린 기본 반찬이야 말로,
맛과 영양의 균형을 동시에 해결해주는
가장 소중한 음식이 된다.

깻잎장아찌

들기름깻잎찜

깻잎장아찌

재료 깻잎 150장, 밤 편채 10개분,
고춧가루 3큰술, 다진 마늘 1큰술, 다진 생강 1작은술, 물엿 2큰술
통깨 2큰술, 다마리 간장 4큰술, 찹쌀풀 4큰술
*간장 양념 간장 1/2컵 액젓 3큰술, 양파즙 2큰술

만드는 법
1. 깨끗이 씻은 깻잎은 체에 밭쳐 물기를 뺀 뒤 통에 차곡차곡 담는다. 깨끗이 씻은 돌로 눌러둔다.
2. 분량의 재료를 잘 섞어 간장 양념을 만든다. 이것을 깻잎을 담은 통에 붓고 실온에서 3일간 재운다.
3. 분량의 고춧가루, 다진 마늘, 다진 생강, 물엿을 섞어 추가 양념을 만든다. 티스푼을 이용해 3~4장마다 양념을 골고루 발라 통에 차곡차곡 담는다.
4. 양념이 잘 스며들도록 꼭 눌러 김치냉장고에 넣고 하루 정도 지난 뒤 먹기 시작한다.

들기름깻잎찜

재료 된장에 삭힌 깻잎 200g, 들기름 약간
*양념 다진 파·마늘 1큰술씩, 청장 1큰술, 고춧가루 1/2큰술, 참치액젓 1작은술
들기름 3큰술, 생수 약간

만드는 법
1. 된장에 삭힌 깻잎은 30분 정도 물에 담근 뒤 씻어서 체에 밭쳐 물기를 뺀다.
2. 분량의 재료를 한데 섞어 양념장을 만든다.
3. 티스푼을 이용해 3~4장마다 양념을 바른다. 넓적한 볼에 가지런한 상태로 올린 다음 큼직한 웍에 볼을 담는다.
4. ③을 중탕하듯이 약한 불에서 40~50분 정도 끓인다. 마지막으로 들기름을 넉넉하게 둘러준다. 완성된 깻잎찜은 한 달 정도 김치냉장고에 보관하면서 먹는다.

우엉연근조림

달콤 짭조름한 맛과 아삭한 식감이 뛰어나며 비타민 C가 풍부해 피부 미용에도 좋은 반찬.

재료 우엉 100g, 연근 50g, 간장 2큰술, 미림 1큰술, 설탕 2큰술, 생수(넉넉한 양), 해바라기씨 오일 적당량, 노두유 1/2큰술, 물엿 2큰술, 참기름 1/2큰술, 통깨·검은깨 약간씩

만드는 법
1. 연근은 필러로 껍질을 벗긴 뒤 0.5cm 정도의 얇은 두께로 모양 살려 썬다.
2. 껍질 벗긴 우엉도 연필깎이로 얇게 썬다.
3. 연근, 우엉은 식초 1큰술을 넣은 끓는 물에 10분 정도 삶은 다음 찬물에 헹궈 준비한다.
4. 데친 연근과 우엉은 간장을 넣고 조리다가 설탕, 미림을 넣고 뒤적거리며 계속 조린다. 이때 물을 조금씩 나눠가며 넣어준다. 해바라기씨 오일도 함께 넣고 볶으면서 조린다.
5. ④에 노두유, 물엿을 첨가한 뒤 국물이 자작해질 때까지 20분 정도를 더 조린다.
6. 참기름, 통깨, 검은깨를 뿌려 완성한다.

Tip. 볶을 때 처음부터 기름을 넣으면 양념이 속까지 제대로 배지 않으므로, 중간 단계에 넣는다.

생땅콩조림

생땅콩은 땅콩보다 비타민 B가 훨씬 풍부해, 일상 반찬으로 꾸준히 먹으면 노화 방지 효과도 볼 수 있다.

재료
생땅콩 300g
*조림 양념 간장 1/2컵, 설탕 4큰술, 정종 1/4컵, 미림 1/4컵, 물엿 1큰술

만드는 법
1. 생땅콩을 찬물에 넣고 끓인다. 끓으면 꺼내서 찬물에 헹궈준다. 불순물이 제거되도록 반복해서 끓인 뒤 땅콩을 건져 놓는다.
2. 분량의 재료를 섞어 조림 양념을 만든다.
3. 냄비에 땅콩을 넣고 양념장을 부어 국물이 거의 없어질 때까지 은근하게 조린다.

Tip. 생땅콩을 반복해 끓이는 것은 떫은 맛을 제거하고 조리기 위해서다.

흰콩다시마조림

우리에게 가장 친숙한 콩인 백태에 다시마를 썰어 넣고 조린 반찬.

재료 백태 150g, 다시마 20g(5×5cm), 유부 3장
***양념** 우동 간장(쓰유) 2큰술, 간장 1큰술, 설탕 1큰술, 소금 1/2작은술, 올리고당 1큰술

만드는 법
1. 백태는 하룻밤 불려 준비한다.
2. 다시마는 미지근한 생수에 2시간 정도 불린 다음 가늘게 자른다.
3. 유부는 끓는 물에 데쳐 가늘게 채 썬다.
4. 냄비에 ①의 불린 콩과 물 3½컵을 넣고, 중불에서 20분간 끓인다. 중간중간 거품을 걷어낸다.
5. 냄비에 끓인 콩과 분량의 재료를 섞은 양념, 다시마, 유부를 함께 넣는다. 약불에서 물 양이 1/2이 될 때까지 자작하게 조린다.

무조림

무를 큼직하고 두툼하게 썰어 우리 입맛에 맞는 양념으로 조린 별미 반찬.

재료 제주 무 1/2개, 꽈리고추 5개
***조림 양념** 멸치 육수 2컵, 간장 2큰술, 노두유 1작은술, 고춧가루 1/2큰술, 설탕 1/2큰술

만드는 법
1. 무는 1.5cm 두께의 반달 모양으로 썬다.
2. 꽈리고추는 반으로 자른다.
3. 분량의 재료를 한데 섞어 조림 양념을 만들어 냄비에 넣고 끓인다.
4. 양념이 끓으면 무를 넣고 15분 정도 조린다. 무가 말랑해지면 꽈리고추를 넣고 조려 완성한다.

Tip. 제주 무는 덜 무르는 성질이 있어 푹 조리는 요리에 사용하면 훨씬 식감이 좋다.

김치들기름찜

고소한 들기름 맛이 충분히 밴 묵은지 반찬. 약간 무른 식감이 중요하다.

재료 잘 익은 김치 200g, 식용유 적당량, 멸치 육수 3컵, 들기름 3큰술, 설탕 1큰술, 청양 고추 2개

만드는 법
1. 묵은지는 찬물에 하루 종일 담가두었다가 깨끗이 씻어 꼭 짜서 적당한 크기로 썰어 준비한다.
2. ①을 식용유에 볶다가 멸치 육수를 넉넉히 붓는다. 여기에 설탕 1큰술, 들기름 2큰술을 넣고, 약한 불에서 1시간 정도 충분히 조린다.
3. ②에 다진 청양 고추를 넣고, 마지막으로 들기름을 1큰술 듬뿍 넣고 버무려 마무리한다.

Tip. 김치의 아삭한 식감이 남아 있을 정도로 찌는 것이 중요하다.

약고추장

밑반찬, 손님 상차림, 지인 선물로 두루 활약하는 일품 반찬. 신선한 채소와 쌈을 싸 먹기만 해도 입맛을 살려주는 밥도둑이다.

재료 소고기(불고깃감) 100g(밑간 양념: 간장 1작은술, 설탕 1작은술, 다진 파 2작은술, 다진 마늘 1작은술), 참기름 1큰술, 배즙 3큰술, 고추장 1컵, 설탕 1큰술, 매실청 1작은술, 다진 잣 2큰술, 꿀 2큰술

만드는 법
1. 소고기는 불고깃감을 적당히 잘라 준비한다. 분량의 재료로 만든 밑간 양념에 10분간 재워둔다.
2. 팬에 참기름을 두르고 소고기를 80%까지 익힌다. 여기에 배즙을 함께 넣어 국물이 자작할 때까지 볶는다.
3. 고추장, 설탕, 매실청 순으로 재료를 넣고 타지 않게 저어가며 약한 불에서 20분 정도 볶는다.
4. 굵게 다진 잣과 꿀을 함께 넣고 잘 볶아서 완성한다.

Tip. 고추장은 타지 않게 천천히, 충분히 볶아야 오랫동안 보관하며 먹을 수 있다.

김치전

일반 김치전에 다진 해산물을 넣어 감칠맛과 고급스러운 풍미를 더했다.

재료 잘 익은 김치 150g, 조갯살 30g, 오징어 80g, 참기름 1/2큰술, 후춧가루·부침가루·물 적당량, 달걀 1개, 기름 적당량

만드는 법
1. 김치는 1cm 크기로 적당하게 썬다.
2. 조갯살은 깨끗이 씻어 다져둔다.
3. 오징어는 잘게 썬 다음 조갯살과 함께 참기름 1/2큰술, 후춧가루를 뿌려 재워둔다.
4. 부침가루, 물, 달걀물을 섞고 김치, 조갯살, 오징어를 넣어 반죽을 만든다.
5. 기름 두른 팬에 너무 크지 않은 정도로 반죽을 떠 올린다. 한쪽 면이 완전히 익으면 뒤집어서 반대쪽도 익힌다.

애호박채전

작은 보리새우가 듬뿍 들어가 고소한 맛을 한층 더해주는 반찬. 애호박전은
이번 책 작업에서 건새우를 넣어 만들어본 뒤 새롭게 정리된 메뉴다.

재료 애호박 1개, 보리새우 2/3컵, 참기름 1/2큰술, 부침가루 1/2컵, 튀김가루 1/2컵, 물 1/4컵, 소금 약간, 기름 적당량

만드는 법
1. 애호박은 씨를 뺀 뒤 채칼 등을 이용해 3~4cm 길이로 가늘게 채 썬다. 껍질과 살만 사용하고 씨 부분은 버린다.
2. 보리새우는 참기름에 조물조물 무친다.
3. 볼에 부침가루, 튀김가루, 소금 약간을 넣고 호박채, 보리새우를 넣는다. 여기에 물을 부어 잘 섞어 반죽을 되직하게 만든다.
4. 기름 두른 팬에 너무 크지 않은 정도로 반죽을 떠 올린다. 한쪽 면이 완전히 익으면 뒤집어서 반대쪽도 익힌다.

견과류멸치볶음　　　　　　　잔멸치강정

견과류멸치볶음

재료 멸치 100g, 호두 1/3컵, 아몬드 1/3컵, 해바라기씨 1/3컵, 맛술 1작은술, 통깨 약간
*양념장 카놀라 오일 2큰술, 다마리 간장 2큰술, 설탕 1큰술, 고춧가루 1작은술, 올리고당 1큰술, 참기름 1작은술

만드는 법
1. 호두와 아몬드는 적당히 다져 해바라기씨와 함께 마른 팬에 볶아둔다.
2. 멸치는 마른 팬에 볶은 뒤 맛술 1작은술을 섞어 식힌다.
3. 팬에 양념장을 끓인 뒤 견과류를 넣고, 끓으면 불을 끄고 멸치를 넣는다. 다시 불을 켜고 5분 정도 더 볶아준다. 마지막으로 통깨를 솔솔 뿌려 완성한다.

잔멸치강정

재료 잔멸치 100g, 맛술 1작은술, 호두 1/3컵, 아몬드 1/3컵, 캐슈넛 1/3컵
*양념장 고추장 3큰술, 다마리 간장 1큰술, 설탕 1큰술, 고춧가루 1작은술, 올리고당 1큰술

만드는 법
1. 호두와 아몬드, 캐슈넛은 잘게 다져 마른 팬에 볶아둔다.
2. 멸치는 마른 팬에 한 번 볶은 뒤 맛술 1작은술을 섞어 식힌다.
3. 팬에 양념장을 넣고 멸치를 볶는다. 견과류도 함께 넣고 약한 불에서 끈기 나게 볶아준다. 바트에 넓게 펴서 올린 뒤 냉동실에 넣어 굳힌다. 굳으면 먹기 좋은 크기로 자른다.

더덕구이

손질과 양념, 굽기까지 다소 번거로운 과정을 거쳐야 하지만, 정성 들인 만큼 만족스러운 향과 맛을 즐길 수 있는 밑반찬이다. 일품요리로 내어도 훌륭하다.

재료

더덕 200g
참기름 1큰술
다진 마늘 1작은술
들기름 1큰술
영양부추 약간

*양념장

고추장 2큰술
고춧가루 1작은술
꿀 1큰술
미림 1작은술
간장 1작은술
물엿 1큰술

만드는 법

1. 더덕은 반을 갈라 밀대로 가볍게 두들기며 자근자근 눌러 민다. 아삭한 식감을 위한 것.
2. ①에 참기름, 다진 마늘을 섞은 참기름장을 발라 30분 정도 그대로 재워둔다.
3. 분량의 재료를 섞어 양념장을 만든 뒤 더덕에 양념장을 듬뿍 발라 재운다.
4. 달군 팬에 들기름을 두르고 중불에서 앞뒤로 뒤집어가며 아삭해질 정도로 살짝 굽는다.
5. 마지막에 토치로 겉면을 살짝 구워주면 불맛이 배어 풍미가 깊어진다. 접시에 담고 다진 영양부추를 뿌려 낸다.
6. 냉장고에 보관하며 밑반찬으로 먹어도 좋다.

2

3

5

내 요리들 중 밑반찬만큼은
완벽한 친정어머니 손맛 물림이다.
어릴 때에도 지금에도
우리 집 식탁에는 늘 기본 찬
8~9가지 정도가 오른다.
한국 밑반찬은 일단 재료가 건강하다.
그래서 양념으로 무치고 볶고 조리되,
재료 고유의 맛을 하나하나 즐기고자
자극적인 간은 하지 않는다.
잘 지은 밥 한 그릇에 곁들이면
한 끼의 호사가 따로 없다.

밥 짓기

한국인에게 밥처럼 중요한 음식은 없다. 맛있는 밥을 지으려면 우선 좋은 쌀을 골라야 한다. 도정한 지 얼마 안 된 신선한 쌀이 기본인데, 요즘은 쌀 종류도 너무 다양해 웬만하면 윤기 좔좔 흐르는 고소한 밥을 챙겨 먹을 수 있으니 행운이다.

예전에는 내쇼날(National)이라는 브랜드의 일본 전기밥솥이 최고인 줄 알았던 시절도 있었지만, 이제는 국산 제품의 기능이 훨씬 훌륭하다. 한편 우리 집은 식구가 적고 빠른 시간에 '먹을 만큼' 밥을 짓다 보니 언제부턴가 냄비밥을 선호하게 되었다. 돌솥도 좋지만 샐러드마스터의 작은 냄비에 밥을 지으면 그야말로 맛이 끝내준다.

밥을 지을 때는 쌀을 40분 정도 불려 잘 씻는 것이 무엇보다 중요한 포인트다. 쌀을 조심스럽게, 부드럽게 씻으면서 물을 반복해서 갈아주고, 뿌연 물이 더 이상 나오지 않을 때 체에 거른다. 정확한 양의 물을 넣고 10분 정도 세지 않은 불로 밥을 지으며, 뜸들이기까지 잘 해줘야 한다.

수퍼판을 열기 전, 20년 넘는 경력의 주부인 내게 아버님이 한 마디 하셨다. 요리는 잘 하는데 밥은 아직 3등쯤 되는 수준이라고. 일본 어느 식당의 요리 장인은 10년 동안 하루 세 끼마다 죽어라 하고 연습해 겨우 손님에게 맛있는 밥을 내더라 하셨다. 그 말씀에서 새삼 요리 한 상이 아닌, 밥 한 공기 맛의 중요성을 느꼈다. 그리고 아직까지도 밥 지을 때마다 씻기부터 도구의 재질, 온도, 시간까지 모든 부분에 신경을 쓴다.

오징어 진미채

세대를 막론하고 인생 밑반찬으로 꼽는 1순위는 진미채. 변함없이 신경 쓰는 것은 '비슷한 길이로 자른다'는 정갈한 손질법이다.

재료 진미채 200g
*양념장 고추장 50g, 간장 1작은술, 고춧가루 1큰술, 유자청 1큰술, 매실청 1큰술, 물엿 2큰술, 설탕 2큰술, 참기름 2큰술, 검은깨·식초 2큰술씩

만드는 법
1. 오징어 진미채는 4cm 길이로 잘라 찢은 뒤 찜통에 살짝 찐다.
2. 볼에 모든 재료를 한데 넣고 잘 섞어 양념장을 만든다.
3. ②에 진미채를 넣고 골고루 버무려 낸다.

Tip. 귀찮아도 잘라 찢은 뒤 살짝 쪄주면 오랜 시간 부드럽게 먹을 수 있다.

마른새우볶음

케첩 맛을 가미한 고추장 양념으로 두절새우를 윤기 나게 볶아 바삭한 안주로 즐기기에도 좋은 별미 반찬.

재료 건새우 200g, 잣 1/2컵
볶음 양념 고추장 2큰술, 간장 1큰술, 토마토케첩 1큰술, 물엿 1큰술, 참기름 1큰술

만드는 법
1. 건새우는 팬에 기름을 두르지 않은 상태로 중약불에서 노릇하게 볶는다.
2. 볶음 양념을 끓이고 볶은 새우를 넣는다. 약한 불에서 양념이 골고루 섞이도록 버무린다.
3. 잣을 함께 넣고 볶아 완성한다.

Tip. 양념에 토마토케첩을 넣으면 칠리새우 맛이 난다. 건새우 밑반찬을 그다지 좋아하지 않는 아이들도 맛있게 먹을 수 있다.

오징어도라지무침

원기 회복에도 도움이 되는 매콤한 영양 만점 밑반찬이다. 더운 여름철에는 비빔국수 위에 슬쩍 얹어 먹어도 별미다.

재료

통도라지 200g
(소금 1큰술, 설탕 2큰술,
식초 3큰술)
오징어 1마리(대)
밤 5~6개
깻잎 2단
양파 1/2개

*무침 양념장
물엿 1큰술
통깨 1큰술
고춧가루 2큰술
고추장 1½큰술
다진 마늘 1큰술
설탕 1큰술

간장 1큰술
레몬즙 1½큰술
식초 1큰술

만드는 법

1. 도라지는 껍질을 벗기고 3~4cm 길이로 두껍게 썬다. 소금을 조금 넣고 박박 씻어 식촛물에 20분간 재운다.
2. 오징어는 살짝 데쳐 4cm 길이로 썬다.
3. 밤은 편으로 썰고, 깻잎은 굵게 썬다. 양파는 채 썬다.
4. 물기를 제거한 도라지에 오징어, 밤, 깻잎, 양파를 넣고 준비한 양념장을 넣어 골고루 버무려 낸다.

Tip. 도라지를 식촛물에 재우면 쌉쌀한 맛이 사라진다.

무말랭이무침

비타민 D가 풍부한 일상 반찬. 고추장을 많이 넣지 않아 맛이 깔끔하다.

재료

무말랭이 100g, 진미채 100g, 쪽파 10뿌리
*재움 양념 다마리 간장 1컵, 액젓 1큰술
*무침 양념 고춧가루 2큰술, 매실청 1큰술, 물엿 2큰술, 참기름 1큰술 통깨 적당량

만드는 법

1. 무말랭이는 끓는 물을 부어 냉수에 씻는다. 두 번 반복한 뒤 꼭 짜서 준비한다. 재움 양념에 넣고 냉장고에서 3일 동안 재워둔다. 이때 비닐을 진공 상태로 단단히 묶어 양념이 제대로 배게 한다.
2. 분량의 재료를 한데 섞어 무침 양념을 만든다.
3. 쪽파는 3~4cm 길이로 썰고, 진미채도 3~4cm 길이로 자른 뒤 먹기 좋게 갈라서 찢는다.
4. 볼에 무말랭이, 쪽파, 진미채를 함께 넣고 무침 양념으로 조물조물 무친다.

Tip. 마른 고춧잎이 있으면 불려서 무침에 함께 넣어준다.

냉이바지락무침

향긋한 냉이를 바지락 살과 함께 된장 양념으로 무친 계절 반찬.

재료 냉이 300g, 바지락 살 150g
***무침 양념** 된장 1큰술, 미림 1작은술, 참치액젓 1작은술, 들기름 1작은술, 다진 파·마늘 약간씩

만드는 법
1. 손질한 냉이는 살짝 데쳐 준비한다.
2. 바지락 살은 소금물에 헹궈 데친다.
3. 분량의 재료를 섞어 만든 양념에 냉이, 바지락 살을 넣고 무친다.

Tip. 냉이가 나오는 봄에 넉넉히 데쳐 소분한 뒤 냉동실에 얼려두면 좋다.

얼갈이된장무침

얼갈이는 김치 대신 살짝 데쳐 나물 반찬으로 먹어도 맛이 좋고 영양가가 높다.

재료

얼갈이 200g
*무침 양념 된장 1큰술, 고춧가루 1작은술, 국간장(조선간장) 1작은술, 참치액젓 1작은술, 마늘 1작은술, 다진 파 1작은술, 고추장 1작은술, 참기름 1/2큰술

만드는 법

1. 얼갈이는 끓는 물에 살짝 데쳐 4~5cm 길이로 자른다.
2. 분량의 재료를 모두 넣고 잘 섞어 무침 양념을 만든다.
3. 양념에 얼갈이를 넣고 조물조물 무친다.

공심채 볶음

모닝글로리라는 이름의 태국 채소를 재빨리 볶아 만든 아삭한 식감의 채소볶음이다.

재료 공심채 1단, 보리새우 2/3컵, 소금 약간, 간장 1큰술, 굴 소스 1작은술, 기름 적당량

만드는 법
1. 공심채는 깨끗이 씻어 4cm 길이로 잘라둔다.
2. 달군 팬에 기름을 두르고 보리새우를 먼저 볶다가 공심채를 넣고 함께 볶는다.
3. ②에 간장을 넣고 볶으면서 굴 소스, 소금을 첨가한다. 공심채의 숨이 살짝 죽을 때까지 볶아서 완성한다.

Tip. 줄기가 비어 있는 채소인 공심채는 아삭한 식감을 즐기기 좋다. 밥반찬 대신 고기와 함께 먹어도 좋고, 국수 요리에 곁들여도 잘 어울린다.

구운가지 소고기무침

팬에 구운 가지와 소고기볶음을 양념장에 무쳐 건들한 가지의 식감을 즐기며 먹는 고급스러운 풍미의 반찬.

재료

가지 2개
느타리버섯 100g
소고기(우둔살) 100g
청·홍고추 1개씩
영양부추 약간

*소고기 볶음 양념
간장 1큰술
설탕 1작은술
술 1작은술
참기름 1작은술
후춧가루 약간

*양념장
고춧가루 1/2작은술
다마리 간장 1큰술
참치액젓 1작은술
식초 1/2큰술
매실청 1큰술
참기름 2작은술
다진 마늘 1작은술
다진 파 1큰술
소금·통깨·후춧가루 적당량

만드는 법

1. 가지는 길이로 3등분한다. 1cm 두께로 잘라 기름 두르지 않은 팬에 노릇하게 구워 식힌 뒤 적당한 크기로 찢는다.
2. 버섯은 찢어서 달군 팬에 볶아 수분을 제거한다.
3. 소고기는 채 썰어 분량의 재료를 한데 섞은 소고기 볶음 양념에 볶는다.
4. 청·홍고추는 4cm 정도 길이로 얇게 채 썰고, 영양부추도 3~4cm 길이로 썬다.
5. 분량의 재료를 잘 섞어 양념장을 만든다.
6. 볼에 구운 가지와 버섯, 볶은 고기, 고추, 영양부추를 모두 넣고 양념장을 둘러 넣은 뒤 골고루 무쳐 완성한다.

미역줄기 김치게살무침

염장 처리되어 김치냉장고에 오래 두고 먹기 좋은 미역 별미 반찬.

재료 미역줄기 200g, 잘 익은 김치 100g, 게살 100g(게살 양념: 참기름·후춧가루·다진 마늘 약간씩), 국간장(조선간장) 1큰술, 설탕 1작은술, 참치액젓 1작은술, 다진 마늘 약간, 카놀라 오일 적당량, 참기름·통깨 적당량

만드는 법
1. 미역줄기는 박박 씻어 소금기를 없애고 4cm 정도로 잘라놓는다.
2. 김치는 2cm 크기로 쫑쫑 썬다.
3. 게살은 참기름, 후춧가루, 다진 마늘을 넣어 양념한다.
4. 팬에 기름을 두르고 미역줄기를 볶다가 김치를 넣어 함께 볶는다.
5. 국간장, 설탕, 참치액젓을 분량대로 넣어 볶아준다.
6. ⑤에 양념한 게살을 넣어 함께 볶는다.
7. 참기름과 통깨를 뿌려 완성한다.

Tip. 식이섬유가 풍부해 다이어트 식재료로 좋은 미역줄기를 게살과 함께 무치면 일품요리 못지않게 맛이 풍부하다.

고구마순 들깨무침

들깻가루로 볶아 고소한 향이 강한 고구마 줄기 반찬. 부들부들한 식감도 좋아 밥에 슥슥 비벼 먹으면 맛있다.

재료   고구마순 300g(밑간 양념: 마늘 1/2큰술, 들기름 1큰술, 청장 1작은술), 멸치 육수 2컵, 들깨가루 3큰술, 대파 약간, 홍고추 1개, 소금 약간, 카놀라 오일 적당량

만드는 법
1. 고구마순은 껍질을 벗겨 삶은 다음 4cm 길이로 썰어 다진 마늘, 들기름, 청장으로 밑간해둔다.
2. 대파와 홍고추는 각각 채 썬다.
3. 팬에 기름을 두르고 고구마순을 볶다가 들깻가루를 넣어 볶는다. 멸치 육수를 붓고 홍고추, 대파도 넣는다. 고구마순이 부들부들해질 때까지 볶아 완성한다.

시래기나물　　　무나물　　　건호박나물　　　도라지나물

대보름나물

정월대보름의 별미는 각종 묵은 나물 재료를 무쳐 만든 반찬이다.
불리고 삶는 과정이 번거롭기는 해도, 몇 종류 제대로 만들어두면
푸짐한 비빔밥으로도 즐길 수 있다.

건고사리나물

시금치나물

콩나물무침

건가지나물

건가지나물

건가지 50g
멸치 육수 1/2컵
다진 파 1큰술
참치액젓 1작은술
소금 약간

*양념
청장·들기름 1큰술씩
다진 마늘 1큰술

만드는 법

1. 말린 가지는 뜨거운 물을 부어 푹 불린다. 부드러워지면 찬물에 여러 번 헹궈 체에 밭쳐 물기를 빼둔다.
2. 가지를 1×4cm 크기로 썰어 양념에 버무려둔다.
3. 팬에 기름을 두르고 가지를 볶는다. 멸치 육수를 부어가며 중간 불에서 무르게 익힌다. 파와 소금, 참치액젓을 넣어 마무리한다.

건호박나물

건호박 50g
멸치 육수 1/2컵
다진 파 1큰술
참치액젓 1작은술
소금 약간

*양념
청장·들기름 1큰술씩
다진 마늘 1큰술

만드는 법

1. 건호박은 뜨거운 물을 부어 푹 불린다. 부드러워지면 찬물에 여러 번 헹궈 물기를 꼭 짠다.
2. 건호박을 양념에 버무려둔다.
3. 팬에 기름을 두르고 호박을 볶는다. 멸치 육수를 부어가며 중간 불에서 무르게 익힌다. 파와 소금, 참치액젓을 넣어 마무리한다.

건고사리나물

건고사리 50g
멸치 육수 1/2컵
다진 파 1큰술
참치액젓 1작은술
소금 약간

*양념
청장·들기름 1큰술씩
다진 마늘 1큰술

만드는 법

1. 건고사리는 뜨거운 물을 부어 푹 불린다. 부드러워지면 찬물에 여러 번 헹궈 물기를 꼭 짠다.
2. 고사리를 양념에 버무려둔다.
3. 팬에 기름을 두르고 고사리를 볶는다. 멸치 육수를 부어가며 중간불에서 무르게 익힌다. 파와 소금, 참치액젓을 넣어 마무리한다.

무나물

무 200g
들기름 1큰술
통깨 약간
소금 약간

*양념
생강 1/2큰술
다진 마늘 1작은술
다진 파 1/2큰술

만드는 법

1. 무는 깨끗이 씻어 껍질을 벗기고 3~4cm 정도 길이로 길게 채 썬다.
2. 팬에 기름을 두르고 볶다가 양념을 넣고, 뚜껑을 닫고 20분간 약한 불로 익힌다.
3. 뚜껑을 열고 소금으로 간을 맞춘 뒤 깨를 솔솔 뿌린다.

도라지나물

통도라지 200g
멸치 육수 1/2컵

*양념
청장 1큰술
들기름 1큰술
다진 마늘 1작은술

만드는 법

1. 도라지는 껍질을 벗겨 3~4cm 길이로 잘라 0.5cm 정도 두께로 찢어둔다.
2. 끓는 물에 10분 이상 삶아낸다. 물기를 꼭 짠 다음 양념을 넣어 조물조물 무친다.
3. 팬에 넣고 멸치 육수를 조금씩 부으면서 부드럽게 볶아 완성한다.

콩나물무침

콩나물 300g

*양념
참기름 1큰술
다진 마늘 1작은술
다진 파 1작은술
소금 약간
국간장 1작은술

만드는 법

1. 콩나물은 깨끗이 씻어 체에 밭쳐 물기를 뺀다.
2. 물을 약간 넣고 뒤적거리며 데쳐낸다.
3. 분량의 양념으로 조물조물 무친다.

시금치나물

시금치 1단

*양념
참기름 1큰술
다진 마늘 1작은술
다진 파 큰술
소금 약간

만드는 법

1. 시금치는 지저분한 뿌리 쪽을 조금 잘라낸 뒤 여러 번 깨끗이 씻어 물기를 꽉 짠다. 3~4cm 길이로 자른다.
2. 끓는 물에 소금을 넣고 살짝 데친다.
3. 분량의 양념으로 조물조물 무친다.

시래기나물

시래기 100g
멸치 육수 1/4컵
참치액젓 1작은술
다진 파 1큰술
들기름 약간

*양념
청장 1큰술
다진 마늘 1큰술
들기름 1큰술

만드는 법

1. 큼직한 냄비에 물을 넉넉히 붓고 시래기를 넣어 3~4시간 정도 불린다.
2. 물을 넉넉히 붓고 중약불에서 30분 정도 삶아낸다. 불을 끈 채 냄비에서 그대로 식힌다.
3. 깨끗이 씻어 3~4cm 길이로 자른 뒤 겉껍질을 벗긴다.
4. 익힌 시래기를 양념으로 조물조물 무친다. 팬에 넣고 육수를 조금씩 넣으면서 볶다가 참치액젓, 다진 파를 넣고 끓인다. 들기름을 넣어 마무리한다.

무시래기비빔밥

시래기와 무의 조합으로 간단하게 만든 비빔밥은
부드러운 식감의 조화로 소화가 잘된다.
양념장 하나만 곁들이면 별다른 밑반찬이 필요 없다.

재료 (한 그릇 분량)

시래기(불린 것) 100g
(양념: 들기름 1큰술,
참치액젓 1/2작은술,
다진 마늘 1작은술,
청장 1/2큰술)
멸치 육수 1/2컵
무 50g
(양념: 참기름 1작은술,
청장 1작은술,
다진 생강 1/2작은술,
다진 마늘 1/2작은술)
현미밥 2공기
영양부추 약간
들기름 약간

* 양념장
간장 2큰술
물 1큰술
설탕 1작은술
식초 1큰술
깨 1작은술

만드는 법

1. 말린 시래기는 미지근한 물에 반나절 불려 물을 갈아 주며 깨끗이 씻은 다음, 냉수에 25분간 삶는다.
2. 물에 담근 상태 그대로 식혀 헹군 다음, 껍질을 벗겨 4cm 길이로 썬다.
3. ②를 시래기 양념에 조물조물 무친 뒤 중불에서 볶는다. 멸치 육수 1/2컵을 조금씩 부으면서 자작하게 볶아준다.
4. 무는 4cm 길이로 채 썰어 냄비에 넣고 양념장도 함께 넣는다. 뚜껑을 닫은 채로 5분간 끓이다가 뚜껑을 열고 졸인다.
5. 현미밥에 시래기나물과 무나물을 올리고 영양부추도 함께 올린다. 분량의 재료로 만든 양념장과 들기름을 곁들여 낸다. 양념장을 듬뿍 넣어 비벼 먹는다.

비름나물 고추장무침

여름철 부족하기 쉬운 영양소를 보충하기 좋은 매콤한 제철 채소무침.

재료

비름나물 300g
*양념장 고추장 2큰술, 고춧가루 1작은술, 된장 1작은술, 미림 1작은술, 간장 1작은술, 식초 1/2큰술, 다진 마늘 1작은술, 다진 파 1/2큰술, 설탕 1/2큰술, 깨 적당량

만드는 법

1. 비름나물은 끓는 물에 굵은소금을 1큰술 정도 넣고 데친 뒤, 찬물에 헹궈 꼭 짜서 준비한다.
2. 분량의 재료를 한데 섞어 고추장 양념을 만든다.
3. 비름나물에 양념장을 넣고 조물조물 무친다.

Tip. 비름나물에는 다양한 비타민 성분과 함께 베타카로틴(냉이의 2배), 칼슘(시금치의 4배)이 풍부하게 함유되어 있다. 고추장에 맵싸하게 무쳐 식사 때 한 접시만 챙겨 먹어도 우유 한 잔 분량의 칼슘을 섭취할 수 있어, 가장 간편하면서도 건강한 밑반찬이 되어준다.

호박새우젓나물

도톰하게 썬 애호박을 살짝 절여 아삭한 식감과 감칠맛을 살린 별미 반찬.

재료 애호박 2개, 칵테일 새우 100g, 양파 1개, 청·홍고추 1개씩, 카놀라 오일 2큰술, 참기름 1작은술, 들기름 1큰술, 깨소금 약간, 물 적당량
***양념장** 새우젓 1큰술, 참치액젓 1작은술, 고춧가루 1작은술, 물 1/4컵, 다진 마늘 1작은술, 설탕 1작은술

만드는 법
1. 애호박은 0.5cm 두께의 반달 모양으로 썬다. 소금을 약간 뿌려 살짝 절인 뒤 찬물에 헹군다.
2. 칵테일 새우는 잘 씻어 준비한다.
3. 양파는 얇게 채 썰고, 청·홍고추는 각각 반으로 썬 뒤 채 썬다.
4. 분량의 재료를 잘 섞어 양념장을 만든다.
5. 팬에 카놀라 오일과 참기름을 두르고 양파부터 볶는다. 양파 색이 투명해지면 애호박을 넣고 볶는다. 애호박 가장자리에 노릇노릇해지면 새우를 넣고 양념장과 고추, 물을 넣고 볶아준다.
6. ⑤의 뚜껑을 닫은 상태로 5분 정도 더 익힌다.
7. 들기름 1큰술과 깨소금을 솔솔 뿌려 낸다.

여름 초나물냉채

사촌 이모께 궁중음식으로 배운 냉채 요리.
나물 하나하나 손이 많이 가지만 매우
고급스럽게 즐길 수 있는 음식이다. 특별한 날
한식상의 일품 반찬으로 내기에도 좋다.

재료

가지 2개
취청오이 1개
카놀라 오일 적당량
도라지 100g
숙주 100g
소고기(불고깃감) 100g

*불고기 양념
간장 1큰술
술 1작은술
설탕 1작은술
다진 마늘 1/2작은술
후춧가루 약간
참기름 1작은술

*소스
간장 2작은술
청장 2큰술
식초 4큰술
설탕 1큰술
매실청 2큰술
마늘 1큰술
참기름 1큰술
소금·통깨 약간씩

만드는 법

1. 가지는 3등분해 5cm 길이로 잘라 돌려깎기 한다. 씨를 빼고 가늘게 채 썰어 소금에 절인 다음, 찬물에 헹궈 물기를 꽉 짜서 기름에 볶아둔다.
2. 취청오이는 도톰하게 돌려깎기 한 뒤 씨를 빼고 가늘게 채 친다. 소금에 절인 뒤 찬물에 헹궈 물기를 짜 볶아준다.
3. 도라지는 먹기 좋은 크기로 찢어 소금을 뿌려 절인다. 찬물에 헹군 뒤 물기를 꼭 짜서 볶는다.
4. 숙주는 끓는 소금물에 살짝 데쳐 찬물에 헹군 뒤 물기를 제거한다.
5. 소고기는 얇게 채 썬 다음, 분량의 재료를 섞어 만든 불고기 양념에 볶아둔다.
6. 볶은 가지, 오이, 도라지와 데친 숙주, 재운 소고기는 모두 차갑게 식힌다.
7. 볼에 재료를 한데 넣고 분량의 재료로 만든 소스를 부어 물기 없게 조물조물 무쳐 차갑게 낸다. 소스는 따로 곁들여 내 섞어 먹어도 좋다.

Tip. 모든 나물은 가늘게 채 썰어 소금에 절인 뒤 헹궈 물기를 꼭 짜서 볶아야 한다. 각각의 재료는 냉장고에 넣어 차갑게 해서 무쳐 낸다.

아삭 감자조림

설탕에 미리 절인 감자를 이용해 아삭한 식감을 한층 살린 조림 반찬.

재료 감자 400g, 설탕 1½큰술, 양파 1개, 꽈리고추 10개, 식용유 적당량, 통깨·참기름 약간씩
***볶음 양념** 간장 3큰술, 물엿 1큰술, 미림 1큰술, 매실청 1작은술

만드는 법
1. 감자는 깍둑 썰기 해 물에 한 번 헹군다. 설탕 1½큰술을 넣고 20분간 절인 다음 팬에 넣는다.
2. 양파는 얇게 썰고, 꽈리고추는 2~3등분으로 잘라둔다.
3. 분량의 재료를 한데 섞어 볶음 양념을 만든다.
4. 달군 팬에 ①의 감자를 넣고 볶다가 양파도 함께 넣고 볶는다. 여기에 양념의 1/2 분량을 넣어 골고루 섞은 다음, 뚜껑을 덮은 채로 다시 익힌다. 중간에 한 번씩 뒤집어줄 것.
5. 감자가 거의 익으면 남은 반 분량의 소스를 넣고 다시 뚜껑을 덮어 익힌다.
6. 마지막으로 뚜껑을 열고 졸이면서 꽈리고추를 넣고 익힌다.
7. 참기름 약간과 통깨를 넣고 버무려 완성한다.

Tip. 감자를 설탕에 절이면 조릴 때 부서지지 않고 간도 잘 밴다.

알곤약 어묵볶음

한국 대표 밑반찬 어묵볶음에 알곤약을 넣어 두 가지 식감의 조화를 즐길 수 있는 메뉴. 들기름으로 볶아 훨씬 고소하다.

재료 어묵 200g, 알곤약 100g, 대파 1대, 들기름·참기름 적당량, 물 적당량
*양념장 간장 1큰술, 고춧가루 1작은술, 설탕 1작은술, 미림 1큰술, 물엿 1큰술, 들기름 1큰술, 통깨 약간, 참기름 약간

만드는 법
1. 어묵은 3~4cm 정도 직사각형으로 썰어 끓는 물에 데친 뒤 체에 밭쳐 물기를 빼둔다.
2. 알곤약도 끓는 물에 살짝 데친 뒤 체에 밭쳐 물기를 뺀다.
3. 대파는 가늘게 다진다.
4. 분량의 재료를 잘 섞어 양념장을 만든다.
5. 팬에 들기름을 두르고 어묵과 알곤약을 볶는다.
6. 양념장을 넣고 물을 조금씩 부어주면서, 어묵이 탱글탱글해질 때까지 양념이 잘 배도록 약불에서 서서히 볶는다.
7. 국물이 조금 남을 때까지 볶다가 대파를 넣고, 참기름을 넣어 마무리 한다.

달걀말이

비린 맛을 제거한 달걀물에 각종 채소를 풍성하게 채워 두툼하게 구워낸 든든한 별미 반찬.

재료

달걀 4개
우유 1큰술
청주 1큰술
쪽파 2뿌리
느타리버섯 50g

양파 1/4개
해바라기씨 오일 적당량
소금 약간

만드는 법

1. 달걀은 청주를 넣고 잘 푼 뒤 우유 1큰술을 넣고 섞는다.
2. 느타리버섯과 양파는 다진다.
3. 쪽파도 다진다.
4. 달걀물에 버섯, 양파, 쪽파를 모두 넣고 잘 섞은 뒤 소금으로 간을 맞춘다.
5. 팬에 기름을 두르고 달궈지면 약불로 줄인다. 키친타월로 문질러 팬 전체에 기름이 고루 발리게 한다.
6. 우선 달걀물을 반만 부어 익힌다. 80% 정도 익었을 때 돌돌 만다.
7. ⑥을 팬 한쪽 끝에 밀어놓고 남은 달걀물을 마저 부어 다시 돌돌 만다.
8. 식으면 도톰하게 썰어 낸다.

Tip. 달걀의 알끈을 제거하고 체에 걸러 풀어주면 달걀말이가 훨씬 부드럽게 완성된다. 또 달걀물에 청주와 우유를 넣고 섞어주면 비린 맛을 없애고 감칠맛은 산다.

도시락

서울 토박이 어머니 밑에서 밑반찬을 참 많이 먹고 자랐다. 시댁 역시 어머님이 서울 분이셔서 결혼한 뒤에도 늘 7~8가지 밑반찬을 만들어두어야 든든했다. 그러다 보니 도시락 싸는 일이 두렵지 않게 되었다. 남편 도시락, 병문안 도시락은 물론이고 특히 쿠킹 클래스를 하던 당시에는 1년 내내 선생님 도시락을 도맡았을 정도다.

도시락은 식어도 맛이 유지되는 한식을 기본으로 하면서 반찬 종류의 영양 조합, 든든함을 생각한다. 이렇게 싼 도시락은 상대에게 보내는 푸짐한 선물이 될 수도 있다. 선물하는 도시락에는 디저트와 음료, 과일도 적은 양을 예쁜 포장 용기에 곁들이면 좋다. 또 센스 있게 냅킨과 물티슈, 무릎가리개 수건까지 챙겨 넣으면 두 배의 감동을 전한다.

side dish: fish · seafood · meat

생선·해물·고기 반찬으로
호사스러운 한 끼

굳이 반찬으로 분류하지 않아도 그 자체로
일품요리의 격을 갖춘 메뉴들이다.
단지 우리 식탁 정서에서는 기본 밑반찬을 다양하게
올린다고 해도 '오늘의 메인 요리'가 등장해야 비로소
밥 먹는 즐거움이 생기곤 한다. 마치 국물 요리가 빠지면 안 되는
공식처럼. 육류와 해산물 섭취는 영양 면에서도 중요하다.
맛과 건강의 균형을 고려해 하루 한 가지
별미 반찬 만들기를 권한다.

오징어마조림

마를 오징어와 함께 조리면 특별한 건강 반찬으로 변신한다. 달착지근한 일본 된장과 매콤한 고추를 맛의 바탕으로 깔아주고, 여기에 아삭한 마와 쫄깃한 오징어의 식감을 더해준다.

재료

오징어(몸통) 1마리
마 50g
꽈리고추 10개
페페론치노
(또는 베트남 고추) 2~3개
밀가루 약간
물 1컵
설탕 2큰술

*양념장
쓰유 1½큰술
일본 된장 1/2큰술
소금 1/2작은술
혼다시 1/2작은술

만드는 법

1. 오징어 몸통은 밀가루를 뿌려 5분간 두었다가 박박 주물러 흐르는 물에 헹군 다음, 체에 밭쳐 물기를 제거하고 사선으로 칼집을 얕게 넣는다. 이것을 먹기 좋게 한입 크기로 썬다.
2. 마는 깨끗이 씻어 필러로 껍질을 벗긴 다음 둥근 모양을 살려 1cm 정도 두께로 썬다.
3. 꽈리고추는 꼭지를 제거하고 이쑤시개로 2~3군데 찔러 구멍을 낸다.
4. 분량의 양념장 재료를 모두 섞는다.
5. 냄비에 물 1컵을 붓고 설탕 2큰술을 넣어 끓인다. 마, 손질한 오징어를 순서대로 넣은 뒤 뚜껑을 덮고 5분 정도 중불에서 익힌다. 이때 냄비는 반드시 뚜껑에 구멍이 있는 것을 사용한다. 만약 구멍이 없다면 쿠킹 포일에 구멍을 뚫어 덮도록 한다. 페페론치노도 2~3개 함께 넣어줄 것.
6. ⑤에 양념장을 끼얹어가며 중불에서 좀 더 끓이다가 꽈리고추를 넣고 국물이 자작해질 때까지 조려 완성한다.

Tip. 마를 두툼하게 썰어 조려 먹으면 특유의 끈적한 식감도 없어져 훨씬 구수하게 즐길 수 있다.

수제 꽁치조림

싱싱한 꽁치를 압력솥에 넣고 푹 쪄서 만드는 별미 반찬. 냉장고에 넣어두었다가 쌈을 싸 먹어도 맛있고, 때로 김밥 속재료로 넣어도 맛이 일품이다.

재료

꽁치 4마리
건고추 1개

*양념장
간장 2큰술
다마리 간장 1큰술
청주 1큰술
소주 3큰술
생강 퓌레(p.95) 1작은술
매실청 1/2큰술
다진 마늘 1큰술
다진 청양 고추 2큰술
다진 파 4큰술
설탕 1큰술
물엿 1큰술
양파즙 1큰술
통후추 약간

만드는 법

1. 꽁치는 7cm 길이로 썰어 찬물에 30분간 담가 핏물을 뺀 다음, 흐르는 물에 깨끗이 씻어 물기를 제거해둔다.
2. 건고추는 어슷 썬다.
3. ②와 분량의 양념장 재료를 한데 넣고 잘 섞는다.
4. 압력솥에 물기를 제거한 꽁치와 양념장을 넣고 10분간 찐다.
5. 뚜껑을 연 뒤 뒤적이며 윤기가 나도록 조린다.

Tip. 꽁치를 압력솥에 쪄서 만들면 뼈까지 부담 없이 먹을 수 있어 한층 건강한 요리가 된다. 쌈채소와도 매우 잘 어울린다. 냉장고에서 한 달간 보관이 가능한 만큼, 한 번에 많은 양을 만들어두면 비상 반찬 역할을 톡톡히 한다.

미소고등어조림

달큰한 일본 된장 맛이 생선 살과 두부에 부드럽게 배어 밥 없이도 맛있게 먹을 수 있는 생선조림.

재료

고등어 1마리(생선 밑간: 생강술 1큰술, 후춧가루 약간), 두부 1모, 대파 2대, 생강 1쪽, 건고추 1개
*양념장 일본 된장(미소) 5큰술, 다마리 간장 1큰술, 고춧가루 1작은술, 설탕 2큰술, 미림 2큰술, 술 2작은술, 물 2컵

만드는 법

1. 고등어는 조림용으로 잘라서 구입한다. 핏물을 빼고 깨끗이 씻어 생강술, 후춧가루로 20분간 밑간해둔다.
2. 두부는 큼직하게 사각으로 썬다. 건고추는 어슷 썬다.
3. 분량의 재료를 잘 섞어 양념장을 만든다.
4. 냄비에 양념장 1/2 분량을 먼저 넣고 끓인다. 이때 고추, 생강, 고등어를 넣고 뚜껑을 덮고 5분간 익힌다.
5. 대파, 두부를 넣고 나머지 양념장을 넣는다. 뚜껑을 열어 국물을 끼얹으며 조리다가 한 번 더 끓으면 완성된다.

Tip. 미소고등어조림에 간 무 2큰술과 생강채를 올려 먹으면 훨씬 맛있다.

낙지초무침

통통한 낙지와 부드러운 제철 미나리, 아삭한 오이를 매콤하고 상큼하게 무친 별미 반찬.

재료 낙지 3~4마리(밑간 양념: 설탕 1큰술, 다진 마늘 1작은술, 소금 약간), 오이 1/2개, 미나리 (또는 두릅) 1/2단, 느타리버섯 100g, 홍고추 1개, 통깨 약간
***초무침 양념** 고추장 2큰술, 고춧가루 $1^{1}/_{2}$큰술, 다마리 간장 1큰술, 다진 마늘 1/2큰술, 물엿 1큰술, 식초 1큰술, 미림 1큰술, 설탕 1큰술, 레몬즙 1/2큰술, 소금 약간

만드는 법
1. 낙지는 끓는 소금물에 살짝 데쳐 분량의 재료로 만든 양념으로 밑간해 둔다.
2. 오이는 반달 모양으로 채 썰어 소금에 절인 뒤, 물기를 꼭 짜 볶는다.
3. 미나리(또는 두릅)는 끓는 소금물에 살짝 데쳐 물기를 제거하고 3~4cm 길이로 썬다. 홍고추는 채 썬다.
4. 느타리버섯은 찢어서 끓는 물에 살짝 데친 뒤 꼭 짜 살짝 볶는다.
5. 분량의 재료를 잘 섞어 초무침 양념을 만든다.
6. 준비한 모든 재료를 볼에 넣고, 초무침 양념을 넣어 골고루 무친다.
7. 접시에 담은 뒤 통깨를 솔솔 뿌려 낸다.

병어조림

살이 부드럽고 담백하며 비린내가 없어 집에서도 수월하게 만들어 먹기 좋은 생선조림.

재료 병어 1마리, 소금·후춧가루·청주 약간씩, 감자 1개, 무 100g, 청양 고추 2개, 대파 1대, 물 3컵
*조림 양념 간장 1큰술, 고춧가루 3큰술, 다진 마늘 2큰술, 다진 생강 1작은술, 양파즙 1작은술, 미림 2큰술, 술 1큰술, 참기름 1작은술, 후춧가루 적당량

만드는 법
1. 병어는 아가미에서 내장을 빼내고 지느러미를 자른 뒤 칼집을 넣는다. 소금, 후춧가루, 청주를 뿌려 재운다.
2. 감자는 반으로 썰어 1cm 두께로 큼직하게 썰고, 무는 1×4cm로 나박 썰기 한다. 청양 고추는 씨를 제거해 채 썰고, 대파는 얇게 어슷 썬다.
3. 분량의 재료를 섞어 양념을 만든다.
4. 냄비에 물 3컵을 붓고 양념장을 넣고 끓인다. 끓기 시작하면 감자, 무를 넣고 10분 이상 조린다.
5. 병어를 넣고, 뚜껑을 연 채 국자로 국물을 뿌려가며 10분간 조린다.
6. 청양 고추와 대파를 넣고 한소끔 끓이면 완성된다.

꽃게장

일반 간장게장과 꽃게장의 중간 맛으로 만들어, 자극적이지 않으면서 게 본연의 맛을 즐길 수 있는 별미 반찬.

재료

꽃게 1kg(재움 간장: 간장 1½컵, 물 1컵, 초피가루 1작은술), 쪽파 10뿌리, 청·홍고추 2개씩, 양파 1/2개
*간장 양념 재움 간장 1컵, 고춧가루 4큰술, 설탕 3큰술, 매실청 1큰술, 마늘 7~8톨, 생강 2쪽, 통깨 2큰술

만드는 법

1. 싱싱한 꽃게는 솔로 구석구석 깨끗이 닦은 뒤 씻어 가위로 4~6등분해 자른다.
2. 꽃게를 재움 간장에 넣어 반나절 이상 재워둔다.
3. 쪽파와 고추, 양파는 모두 4cm 정도 길이로 가늘게 채 썰어 준비해둔다.
4. ②의 국물을 냄비에 부어 끓인다. 국물이 반으로 졸면 식힌다. 이때 국물 1/4 분량을 남겨 간장 양념에 이용한다(재움 간장).
5. ④의 재움 간장과 나머지 재료를 분량대로 섞어 간장 양념을 만든다.
6. 꽃게와 향신채에 간장 양념을 넣어 골고루 버무린다.

전복초

바다 제일의 식재료 전복과 아롱사태를 저며 함께 조린 고급 해물 반찬. 명절 요리나 손님 상차림에 올리기에 제격이다.

재료 전복 4마리, 화이트 와인 1큰술, 아롱사태 100g, 양파 1/4개, 대파 약간
*조림장 간장 2½큰술, 설탕 2큰술, 매실청 1작은술, 다진 마늘 1/2작은술,
참기름 1/3작은술, 꿀 1작은술, 후춧가루 약간
*고명 다진 잣 2큰술

만드는 법
1. 냄비에 전복과 물, 화이트 와인을 넣고 30분간 끓인다. 전복을 건져낸 뒤 껍질을 떼어내고 이빨을 제거한다. 내장을 분리한 전복 살을 깨끗이 씻어 큼직하게 저며둔다.
2. 물에 양파 1/4개, 대파 약간을 넣고 끓인다. 끓으면 아롱사태를 넣고 30분간 삶은 뒤 10분간 뜸을 들인다. 삶은 고기를 얇게 저민다.
3. 팬에 분량의 조림장 재료를 넣고 끓인다. 끓으면 전복과 저민 아롱사태, 전복 내장을 넣고 조림장을 끼얹으면서 윤기 나게 조린다.
4. ③ 위에 다진 잣을 넉넉히 뿌려 장식해 낸다.

어리굴젓

굴에 간을 해 고춧가루를 넉넉히 넣고 삭힌 젓갈로, 이름처럼 얼얼하게 매우면서도 굴의 감칠맛이 살아 한국인이 좋아하는 반찬 중 하나다.

재료 자연산 서산굴 400g, 소금 2큰술, 무 50g, 배 1/4개
*양념장 고춧가루 3큰술, 매실청 1작은술, 생강 퓌레(p.95) 1작은술

만드는 법
1. 깨끗하게 씻은 굴을 소금에 버무려 하루 정도 절인 뒤 체에 밭쳐 물기를 제거한다. 이때 굴 절인 물은 덜어둔다.
2. 무는 1cm 정방형으로 썰어 분량의 소금을 뿌리고 10분간 절인다. 깨끗이 씻어 물기를 꼭 짠다.
3. 배는 껍질을 벗기고 무와 같은 크기로 썬다.
4. 분량의 재료를 섞어 만든 양념장과 절인 굴, 무, 배, 굴 절인 물을 한데 넣어 골고루 버무린다.
5. 실온에 하루 둔 다음 냉장고에 넣어 보관하면 3주 정도 먹을 수 있다.

황태찜

명절이면 어김없이 만들었던, 시아버님이 가장 사랑하신 찜 요리다. 찜으로 먹으면 식감이 부드럽고 고소해 온 가족이 즐겨 먹기에도 좋다.

재료

황태 5마리
(밑간 양념 :
참기름·후춧가루·생강즙·청장
약간씩)

*양념장
양파 1/2개
배 1/2개
들기름 1큰술
고추장 1큰술
간장 5큰술
설탕 2큰술
정종 2큰술
물엿 2큰술
식용유 3큰술
다진 마늘 1/2큰술
꿀 1큰술
매실청 1큰술
다진 파 1큰술
후춧가루·통깨 적당량

만드는 법

1. 황태는 찬물에 2시간 정도 담가둔 뒤 흐르는 물에 깨끗이 씻어 물기를 제거한다. 가시를 빼고 손으로 꼭 눌러 짠 뒤 먹기 좋은 크기로 자른다.
2. ①에 분량의 재료로 만든 밑간 양념을 넣어 버무린다.
3. 양념장을 만든다. 양파와 배는 갈아서 즙만 사용한다. 여기에 나머지 양념 재료를 모두 넣고 골고루 섞는다.
4. ③의 양념장에 황태를 넣어 20분 정도 재운다.
5. 냄비에 재운 황태를 넣은 뒤, 뚜껑을 닫고 약불에서 10분 정도 조린다. 뚜껑을 열어 국물을 떠 골고루 끼얹어주면서 조려 완성한다.

Tip. 황태찜은 가시를 세밀하게 제거해야 먹을 때 걸리는 것 없이 깔끔하다.

장똑똑이

기름기 없는 소고기를 채 썰어 간장 양념으로 볶은 전통 요리. 비빔밥이나 볶음밥 재료, 또는 김밥 소로 넣어도 별미인 밑반찬이다.

재료 소고기(대접살) 200g(밑간 양념: 배즙 1큰술, 참기름 1/2큰술, 설탕 1큰술, 후춧가루 약간), 통깨 적당량
*양념 간장 1½큰술, 다진 마늘 1작은술, 다진 파 1큰술, 꿀 1큰술

만드는 법
1. 소고기는 0.5×3cm 길이로 채 썬다. 분량의 재료를 섞은 양념으로 밑간한 뒤 살짝 볶아둔다.
2. 분량의 양념 재료를 냄비에 넣고 끓인다.
3. 양념이 끓으면 밑간한 고기를 넣고 윤기 나게 조린다.
4. 통깨를 솔솔 뿌려 완성한다.

양송이버섯 소고기장조림

메추리알 대신 양송이버섯과 마늘을 넣고 만들어 다양한 재료의 맛을 즐길 수 있는 밑반찬.

재료 소고기(우둔살) 300g, 양송이버섯 5개, 꽈리고추 10개, 마늘 3톨, 통후추 1알, 채소 육수 4컵
***조림장** 맛간장 1/2컵, 간장 3큰술, 맛술 1/4컵, 설탕 1큰술, 올리고당 1큰술, 매실청 1큰술, 건고추 2개, 참기름 1작은술, 후춧가루 약간

만드는 법
1. 소고기는 찬물에 3시간 정도 담가 핏물을 제거한 뒤 끓은 채소 육수(p.211 참조)에 넣고, 약불에서 40분간 푹 삶는다.
2. 건진 소고기는 한입 크기로 먹기 좋게 찢는다. 면 보자기에 거른 육수는 다시 냄비에 붓는다.
3. 양송이버섯은 2등분해 1cm 두께로 편 썰기 하고, 꽈리고추는 이쑤시개로 2~3곳 찔러 구멍을 낸다.
4. 분량의 조림장을 한데 섞어 ②의 육수 냄비에 붓고, 찢은 소고기와 마늘을 넣고 10분간 끓인다. 여기에 양송이버섯, 꽈리고추를 넣고 5분간 더 끓여 완성한다.

차돌박이두부찜

들기름에 지진 고소한 두부와 볶은
고기를 함께 조려 맛은 물론,
영양 면에서도 뛰어난 일품 메뉴.

재료

두부(부침용) 1모
차돌박이 100g
(볶음 양념: 식용유 2작은술,
양파즙 1작은술,
다마리 간장 1큰술)
만가닥버섯 1/2팩
들기름 적당량
소금·후춧가루 약간씩

*양념장
고춧가루 1/2큰술
간장 1큰술
파채·홍고추채 적당량
후춧가루 약간

*찜 재료
팽이버섯
대파채
찹쌀가루 2큰술
소금·후춧가루 약간씩

만드는 법

1. 두부는 3×4cm 크기, 0.5cm 두께로 썰어 소금, 후춧가루를 뿌려 10분간 재운 뒤 들기름에 노릇하게 지진다.
2. 만가닥버섯은 밑동을 잘라내고 가닥으로 찢는다.
3. 차돌박이는 분량의 볶음 양념을 넣고 볶는다. 만가닥버섯도 함께 볶아둔다.
4. 찜기에 두부와 양념장, 차돌박이, 만가닥버섯, 찜 재료를 모두 함께 넣는다. 찹쌀가루는 솔솔 뿌려준다.
5. ④에 물 2큰술을 골고루 뿌린 다음, 약불에서 5분 정도 조린다.

바싹불고기

소고기를 얇게 저며 간장 양념을 하고, 석쇠 사이에 고기를 넓게 펴 직화로 바싹 구워내는 요리다.

재료

불고기(불고깃감) 300g
(재움 양념: 배즙 1큰술,
후춧가루 약간)
흑설탕 1큰술
기름 1큰술
송송 썬 쪽파 적당량

*양념장
간장 2큰술
설탕 1/2큰술
꿀 1큰술
다진 마늘 1작은술
다진 쪽파 1큰술
후춧가루·참기름 1큰술씩

만드는 법

1. 불고기는 재움 양념에 넣고 10분 정도 재워둔다. 배즙에 재운 고기를 조물조물 주물러 잘 배게 한다.
2. 볼에 분량의 재료를 모두 넣고 잘 섞어 불고기 양념장을 만든다. 양념장에 ①의 불고기를 넣고 다시 한번 재운다.
3. 팬에 흑설탕을 넣고, 가열해 녹아 들어가면 기름 1큰술을 넣는다. 이 상태에서 강한 불로 양념한 고기를 재빨리 볶아낸다.
4. 토치가 있는 경우, 토치를 이용해 겉면을 그을려서 불맛이 배게 한다.
5. 송송 썬 쪽파를 뿌려 낸다.

3

4

LA갈비

시판 제품 대신 직접 만든 양념장에 재워 맛과 건강을 모두 챙긴 고기구이.

재료 LA갈비 6대 600g(재움 양념: 간장 3큰술, 설탕 1½큰술, 청주 2큰술, 배즙 1큰술, 양파즙 1큰술, 다진 마늘 1큰술, 참기름 1작은술, 후춧가루 적당량)
기름 적당량

만드는 법
1. 갈비는 물에 담가 2시간 정도 핏물을 뺀 뒤 흐르는 물에 씻어 물기를 뺀다.
2. 큼직한 볼에 ①의 갈비를 넣고 분량의 재료를 한데 섞은 재움 양념을 부어 잘 섞는다. 1개씩 가지런히 통에 담은 뒤 1시간 정도 재운다.
3. 팬에 기름을 조금 두르고 달군다. 갈비를 올려 센 불에서 앞뒤로 노릇하게 구은 다음, 중약불로 줄여 익힌다.

Tip. 갈비는 뻣뻣하지 않고 촉촉하게 구워야 제맛이 난다. 겉면만 프라이팬에서 구운 뒤 오븐에 넣어 익혀도 좋다.

소고기가지찜

미트 소스 대신 한식 베이스의 양념으로 만든 고기 소를 채워 조린 반찬 겸 일품요리.

재료 가지 2개, 간 소고기 150g(양념: 간장 1작은술, 술 1작은술, 다진 마늘 1/2작은술, 파 1작은술 참기름·후춧가루 적당량), 밀가루 약간
***찜 양념** 간장 1작은술, 설탕 1큰술, 육수 1큰술, 미림 1/2큰술, 꿀 1작은술

만드는 법
1. 가지는 날씬한 것으로 골라 오이소박이를 담그듯 2cm를 남기고 십자로 칼집을 넣어준다.
2. 간 소고기는 분량의 재료로 만든 양념에 버무려둔다.
3. 가지의 칼집 속에 밀가루를 뿌린 다음 양념한 소고기를 적당하게 채운다.
4. 분량의 재료를 한데 잘 섞어 찜 양념을 만든다.
5. 팬에 기름을 두르고 센 불에서 가지를 앞뒤로 굽는다. 가지를 꺼내놓고 찜 양념을 부어 바글바글 끓인 뒤, 다시 가지를 넣고 약한 불에서 윤기 나게 조려 완성한다.

육전

집안 행사가 있을 때면 꾸릿살을 불고기보다 약간 도톰하게 썰어 만든 육전을 맛보았다. 어릴 때 먹던 맛이 기억나 이후로는 명절이 아니더라도 특별한 식사를 준비할 때 꼭 준비하는 '고기 반찬'이 된 음식이다.

재료

소고기(꾸릿살) 200g
(소고기 밑간:
다마리 간장 1작은술,
참기름 1큰술,
소금·후춧가루 약간씩)
미니 아스파라거스 10개
달걀 3개(미림 1작은술)
밀가루 적당량
카놀라 오일
(또는 해바라기씨 오일) 적당량

만드는 법

1. 소고기는 0.4cm 정도로, 불고기보다 약간 두꺼운 정도로 썰어 준비한다. 키친타월로 눌러 핏물을 제거할 것.
2. 달걀을 푼 뒤 비린내 제거를 위해 미림과 소금을 약간 넣고 체에 밭쳐 준비한다.
3. 분량의 밑간 재료를 한데 섞은 뒤 ①의 소고기에 붓으로 바른다. 바로 밀가루, 달걀물을 입힌다.
4. 달군 팬에 올려 앞뒤로 노릇하게 지진다. 뒤집으면서 달걀물을 한 번 더 입혀줄 것.
5. 아스파라거스는 육전 길이로 썬다. 팬에 전을 올리고, 그 위에 아스파라거스를 4~5개 올린 뒤 달걀물을 살짝 발라 굽는다. 중간에 한 번 뒤집어서 익혀준다.

Tip. 육전을 만드는 소고기는 꾸릿살처럼 부드럽고 지방이 없는 육질의 종류를 이용하도록 한다.

오삼불고기

쫄깃하고 고소한 오징어와 부드러운 삼겹살이 만나
환상의 맛 궁합을 이루는 일품 반찬.

재료

오징어 1마리
삼겹살 50g
(삶는 재료:
통후추, 대파 잎, 생강, 마늘)
양파 1/2개
대파 1/2대
만가닥버섯 1/2팩
식용유 1큰술
참기름 1/2큰술
참기름·통깨 약간씩

*양념장
고추장 50g
다진 파 1큰술
다진 마늘 1큰술
혼다시 1/2작은술
통후추 약간
꿀 1/2큰술
고춧가루 1큰술
생강즙 1작은술
다마리 간장 1큰술
매실청 1/2큰술
물엿 1큰술
설탕 1작은술

만드는 법

1. 오징어는 칼집을 가볍게 넣어둔다.
2. 삼겹살은 넉넉한 물에 통후추, 대파 잎, 생강, 마늘을 함께 넣고 삶아 70%만 익힌다. 이것을 얼음물에 넣었다가 바로 건져둔다.
3. 양파는 슬라이스한다. 대파는 어슷 썬다. 만가닥버섯은 찢어둔다.
4. 분량의 재료를 한데 섞어 볶음 양념장을 만든다.
5. 식용유 1큰술, 참기름 1/2큰술에 준비한 ③의 채소를 볶다가 ④의 양념장 1/2 분량을 넣고 볶는다.
6. ⑤에 오징어와 데친 삼겹살을 넣은 뒤 남은 분량의 양념장을 넣는다.
7. ⑥에 물 3큰술을 첨가해 볶는다.
8. 마지막으로 참기름, 통깨를 뿌려 완성한다.

Tip. 삼겹살을 미리 가볍게 데쳐서 이용하면 기름기가 제거되며 육질도 훨씬 부드러워진다.

맥적

돼지고기를 된장 양념에 재운 뒤 구워 만든 전통 요리. 된장이 돼지고기의 잡내를 없애면서 구수한 맛을 내는 역할을 한다.

재료
돼지 목살(스테이크용) 400g
영양부추·쪽파 적당량
카놀라 오일 적당량

*재움장
된장 1큰술 + 일본 된장 1작은술
다마리 간장 1큰술
매실청 1큰술
술 1큰술
청장 2작은술
설탕 1/2큰술

양파즙 2큰술
다진 생강 1작은술
다진 마늘 1큰술
꿀 1큰술
참기름·후춧가루
적당량

만드는 법

1. 목살은 스테이크용으로 썬 것을 구입한 뒤 한 번 눌러준다. 분량의 재료를 섞어 만든 재움장에 넣어 재운다.
2. 영양부추와 쪽파는 1cm 길이로 송송 썬 다음, ①의 재움장에 부추와 쪽파를 함께 넣어 재워둔다.
3. 팬에 기름을 조금 두른 뒤 돼지 목살을 올려 중강불에서 골고루 익힌다.
4. 영양부추와 쪽파가 타지 않을 정도로 구워 완성한다. 먹기 좋은 크기로 썰어 접시에 담아 낸다.

Tip. 맥적에 곁들인 시금치초생강무침은 새콤한 맛으로 구수한 풍미의 고기와 잘 어울린다. 시금치 1/6단 분량을 데친 뒤 초생강과 함께 소스(마요네즈 2큰술, 간 깨 1큰술, 간장 1/2큰술, 설탕 1큰술, 식초 1큰술)에 조물조물 무쳐 완성한다.

핫윙

튀긴 닭을 매콤한 핫 소스와 버터, 설탕에 무쳐 다양하게 어우러진 맛의 풍미를 즐길 수 있는 메뉴.

재료
닭 날개 12개(밑간: 양파즙 2큰술, 소금·후춧가루 약간씩)
우유 약간, 녹말가루 4큰술, 밀가루 2큰술, 버터 2큰술, 타바스코 소스 2큰술, 설탕 1작은술, 튀김기름 적당량

만드는 법
1. 닭 날개는 우유에 20분간 담가두었다가 깨끗이 씻어 준비한다.
2. 양파즙, 소금, 후춧가루로 밑간해 20분간 그대로 둔다.
3. 녹말가루와 밀가루를 잘 섞어 ②에 골고루 묻힌다.
4. 닭 날개를 기름에 튀긴다. 잠시 식혀두었다가 다시 한번 튀겨낸다.
5. 녹인 버터와 타바스코 소스, 설탕을 섞어 소스를 만든다. 튀긴 닭을 소스에 무쳐 낸다.

Tip. 닭은 완전히 식힌 뒤 다시 튀겨야 바삭한 식감을 살릴 수 있다.

제육볶음

돼지고기 반찬 하면 단연 1순위로 꼽히는 메뉴. 지방이 적당한 앞다릿살을 밑간과 양념에 재워 볶으면 매콤함과 기분 좋은 단맛을 즐길 수 있다.

재료

돼지고기 앞다릿살 300g (재움 양념: 술 1큰술, 후춧가루 약간, 참기름 1큰술)
양파 150g, 대파 1대, 깻잎 6장, 청·홍고추 1개씩
*볶음 양념장 다마리 간장 3큰술, 고춧가루 1큰술, 물엿 1큰술

만드는 법

1. 앞다릿살을 손질해 재움 양념에 40분 정도 재운다.
2. 양파는 얇게 썰고, 대파는 어슷 썬다. 깻잎은 반으로 잘라 1cm 정도 두께로 채 썰고, 청·홍고추는 어슷 썬다.
3. 분량의 재료를 한데 섞어 볶음 양념장을 만든 다음, ①의 돼지고기를 넣고 재운다.
4. 기름 두른 팬에 우선 양파를 볶는다. 재운 돼지고기를 넣고 함께 볶다가 깻잎, 대파, 청·홍고추 순으로 넣고 볶아 마무리한다.

닭불고기

넓적다릿살은 지방과 단백질이 적절히 섞여 쫄깃하다. 잘 만든 양념장으로 재워 구우면 근사한 불고기로 완성되니, 한 끼 고기 반찬으로 손쉽게 만들어 즐기기에 안성맞춤이다.

재료

닭 넓적다릿살 600g
우유(재움용) 1/2컵
노루궁뎅이버섯 50g
마늘종 3개

*양념장
간장 3큰술
매실청 1큰술
정종 2큰술
설탕 3큰술
깨소금 1큰술
다진 파 2큰술
다진 마늘 1큰술
참기름 1큰술
후춧가루 약간

만드는 법

1. 닭고기는 우유에 20분 정도 담가 누린내를 제거한다. 흐르는 물에 씻어 키친타월로 물기를 제거한다.
2. ①의 흰 기름 부분은 가위로 잘라내고, 칼날로 두들겨 칼집을 넣는다.
3. 마늘종은 씻어서 끝부분을 자르고 4cm 길이로 썬다. 노루궁뎅이버섯은 밑동을 잘라내고 씻어 준비한다.
3. 분량의 재료를 잘 섞어 양념장을 만든다.
4. 양념장에 손질한 닭고기를 넣고 30분 이상 재운다.
5. 달군 팬에 올려 양념이 자작하게 남을 때까지 노릇하게 구워 낸다.

닭봉강정

닭강정을 닭봉으로 만들면 다릿살 부분의
쫄깃한 육질과 바삭한 식감을 한 번에 즐길 수 있다.
간장 양념 맛이 잘 밴 강정은 저녁 술모임
안주 요리로도 잘 어울린다.

재료

닭봉 15개
우유(재움용) 1/2컵
(밑간: 양파즙 2큰술,
소금·후춧가루 적당량)
녹말가루 6큰술

밀가루 2큰술
올리브 오일 1/2컵
마늘 3~4톨
생강채 1/2큰술
건고추 2개
기름 적당량

*간장 양념
간장 3큰술
물엿 1큰술
식초 2큰술
설탕 2큰술
미림 1큰술
꿀 1큰술

만드는 법

1. 닭봉은 깨끗이 씻어 우유에 20분 정도 담가 누린내를 제거한다. 흐르는 물에 씻어 키친타월로 물기를 제거한 뒤 양파즙과 소금, 후춧가루로 밑간해둔다.
2. ①에 녹말, 밀가루를 섞은 튀김옷 재료를 골고루 입힌다. 튀김옷을 묻힌 닭봉은 10분간 그대로 두어 가루가 잘 스며들도록 한다.
3. 스테인리스 냄비에 분량의 올리브 오일을 붓고 닭봉을 넣은 뒤 뚜껑을 덮고 중불에서 끓인다. 끓기 시작하면 닭봉을 한 번 뒤집어준다. 노릇한 색이 나면 뒤집어가면서 15분 정도 골고루 익힌다.
4. 마늘은 채 썰고, 생강도 가늘게 채 썬다. 건고추는 가위로 얇게 자른다.
5. 소스 팬에 기름을 적당히 부어 달군 뒤 ④의 마늘, 생강, 건고추를 넣어 향이 배도록 볶는다. 여기에 간장 양념 재료를 모두 넣고 끓인다.
6. 양념이 끓으면 튀긴 닭을 넣고 양념이 속까지 잘 배도록 윤기 나게 조린다.

닭갈비

고추장 양념에 각종 채소와 함께
볶아 먹는 요리로, 집에서 만들 때는
재움 양념 과정만 거쳐 간편하게 만들 수 있다.

재료

닭 다릿살 600g
(재움 양념: 청주 2큰술,
통후추 적당량)
우유 적당량
양파 1/2개
양배추 100g
깻잎 10장
고구마 1/2개
청양 고추 3개

*양념장
간장 2큰술
고추장 2큰술
미림 1큰술
설탕 1½큰술
고춧가루 5큰술
다진 마늘 2큰술
후춧가루 약간
참기름 2큰술

만드는 법

1. 닭 다릿살(허벅지 정육)은 우유에 재웠다가 씻은 뒤 청주, 통후추에 재워둔다. 한입 크기로 썰어 준비한다.
2. 양파는 반달 모양으로 썰고, 양배추는 한입 크기로 썬다. 고구마는 1×3cm 정도의 직사각형으로 썰고, 청양 고추는 가늘게 어슷 썬다.
3. 분량의 재료를 한데 섞어 양념장을 만든다.
4. 팬에 기름을 두르고 양파를 넣어 볶다가 고구마를 넣고 볶는다. 고구마가 반쯤 익으면 양념장과 닭고기도 함께 넣는다. 마지막으로 양배추와 깻잎, 고추를 넣고 잘 볶아낸다.

찜닭

한 접시로 푸짐하게 나눠 먹는 안동찜닭은 밥반찬으로 곁들여 먹는 경우 담백한 맛을 더욱 살려 만든다.

재료

토종닭 1마리
(데침 재료 : 물 5컵,
생강 약간, 마늘 3톨, 대파 1개,
통후추 1작은술, 간장 1큰술)
닭 삶은 물 4컵
감자 3개
양파 1/2개
당근 1/2개

건표고버섯 4개
청양 고추 3~4개
납작당면 100g

*양념장
간장 6큰술
흑설탕 2큰술
굴 소스 1큰술

노두유 1큰술
양파즙 1큰술
정종 1큰술
물엿 5큰술
다진 마늘 약간
생강 퓌레(p.95 참조) 약간
후춧가루 약간

만드는 법

1. 닭은 한입 크기로 썬다. 큼직한 냄비에 닭과 물, 나머지 데침 재료를 모두 넣은 뒤 데쳐서 준비한다.
2. ①의 닭 삶은 물(육수)은 체에 한 번 걸러둔다.
3. 감자, 당근은 큼직하게 썰어 모서리를 둥글게 깎는다. 양파도 큼직하게 썰고, 불린 건표고버섯은 2등분해 편으로 썬다. 청양 고추는 어슷 썬다.
4. 납작당면은 물에 담가 불린다.
5. 분량의 재료를 잘 섞어 양념장을 만든다.
6. 양념장에 데친 닭고기를 넣어 20분간 재운다.
7. 냄비에 닭고기를 넣고 불을 켜 10분 정도 익힌다. 여기에 감자, 당근을 넣고 끓이다가 표고버섯, 고추도 함께 넣어 다시 20분간 끓인다. 마지막에 당면을 넣고 살짝 끓여 마무리한다.

Tip. 납작당면을 넣는 것이 포인트다. 잘 붙지 않고 찜닭 양념과도 잘 어울린다.

SUPERPAN

4년 반 전 우리 부부가 오픈한, 한식을 기초로 한 가정식당. 'Super'는 버라이어티. '팬(pan)'은 다양한 음식이 담겼다는 의미인 한편 '통로(판, 板)'라는 뜻도 담겼다. 이곳에서 '먹을 판'을 통해 즐겁고 기쁜 시간을 만들자는 남편의 해석이기도 하다.

수퍼판은 인생 후반부에 남편의 제안을 받고 어떤 조사와 연구도 거치지 않은 상황에서 요식업에 뛰어든 용감한 경험이기도 했다. 그전에 80석이 넘는 식당의 주방을 1년간 운영하기도 했고, 몇 곳의 메뉴 개발과 컨설팅을 돕기도 했다. 그러니 음식 맛에 대한 리스크는 사실 그리 크지 않았고 큰 걱정도 하지 않았다. 함박스테이크와 시래기 무밥, 업진살수육 그리고 시그너처 메뉴 서리태 마스카포네 등 편안한 가정식 6가지로 시작했다. 한식 베이스이기는 하지만 그보다 다국적 요리 개념이었고, 산책하러 나와 한 끼 식사를 맛있게 먹고 가는 동네 분위기와도 잘 맞아 단골도 빨리 늘었다.

오픈 이후 한동안은 경험과 사업 마인드에 대한 문제에 맞닥뜨려 고민을 한 적도 있다. 그럼에도 좋은 것이, 이곳 요리 스타일은 철저히 내 식대로다. 신선한 제철 재료와 그에 맞는 엄격한 조리법, 여기에 손맛을 어울렀다. 이것이 퓨전이라는 애매모호한 이름 대신 '우정욱식 따뜻한 가정식 식당'으로 불리는 비결인 듯하다. 조미료는 일절 넣지 않기에 최상의 식재료와 양념에 관한 까다로운 레시피를 만들었고, 요리에 의지를 지닌 학생들을 뽑아 정확한 교육과 비전을 심어주는 것을 제1원칙으로 하며 운영해왔다.

늘 머릿속에 드는 생각은 제철 식재료가 어우러진 '심플한 한 그릇'의 조합. 쉽게 말하면 재료 맛을 살려 간단하게 조리한 뒤 맛과 영양을 풍부하게 섭취하는 음식에 대한 아이디어다. 계절에 맞는 요리를 자주 바꿔주면서 정확한 레시피로, 한결같은 맛의 따뜻한 음식을 제공하는 것이야말로 어느새 '수퍼판 콘셉트'로 자리 잡았다고 생각한다. 응용을 거쳐 창조가 이뤄지기를 수년. 말린 나물 리소토, 문어아보카도, 불고기주꾸미떡볶이 같은 다양한 창작 메뉴가 늘고 여름 민어, 가을 더덕, 겨울 굴을 제대로 맛볼 수 있는, 그야말로 즐거운 '밥판'의 장소가 되었다.

시간이 지날수록 스스로 재미있게 생각하는 부분이 있다. 테이블이 많지도 않은데 한 곳에서는 노년 부부가 차분히 식사를 하고 이어 손님 접대를 위해 멀리서 찾아온 분들이 흥미진진한 기분에 음식을 주문한다. 옆 테이블에선 데이트하는 젊은 남녀가 와인과 타파스를 즐기며 시간을 보낸다. 언제부터인가 모든 세대가 어울려 맛을 즐기는 공간이 된 모습을 볼 때마다 항상 흐뭇하다.

셰프로서 상공간을 운영한다? 나로서는 쉽지 않은 상상이었다. 그러나 수퍼판에서 많이 생각했다. 집에서 차리는 집밥도 식당에서 차려내는 집밥도, 결국 타인을 위해 차리는 기쁨과 감사한 마음은 맛으로 이어진다는 점이다. 작은 공간 수퍼판이 내 비전과 같은 방향으로 흘러가는 것에 항상 감사하다.

kimchi

깔끔하고 시원하게 담근다

일상 김치 역시 밑반찬들과 마찬가지로
어머니 손맛에 가깝다.
김치는 담그는 경험이 늘수록
발효 과정부터 재료의 다양성까지,
놀라움을 금치 못하는 음식 중 하나다.
자극적이지 않고 깔끔하게, 시원한 맛을 살려 만드는
내 스타일의 대표 김치를 소개한다.

석박지

무가 맛있는 철이면 바로 담가 짧게 맛을 즐기는 김치다. 만드는 법도 손쉬워, 신선한 샐러드 같은 별미 반찬으로 올리기 좋다.

재료

무 3kg(대 2개 정도)
설탕 15g
고춧가루 35g
소주 1큰술
생수 1컵
뉴슈가 1작은술
밀가루풀
(물 1컵 + 밀가루 20g) 1컵

*양념
생수 1컵
다진 생강 10g
다진 마늘 30g(2큰술)
소금 2큰술
다진 새우젓 3큰술
젓갈 3큰술

만드는 법

1. 무는 5×1cm 정도 크기의 직사각형으로 자른다. 설탕만 넣고 버무려 20~30분 정도 윤기가 돌게 둔다.
2. ①에 고춧가루를 뿌려둔 다음, 분량의 소주와 물, 뉴슈가를 넣는다.
3. 물 1컵에 밀가루를 넣어 잘 갠 다음 약불에서 서서히 끓여 풀을 쑨다. 불을 끄고 식혀둔다.
4. 분량의 재료를 잘 섞어 양념을 만든다.
5. 큼직한 볼에 절인 무와 양념, 밀가루풀을 모두 넣어 잘 버무린다. 김치통에 넣고 익힌다.

Tip. 무를 버무릴 때 설탕은 조금 넣고 뉴슈가로 단맛을 내면 익었을 때 훨씬 개운한 맛을 느낄 수 있다. 또 굳이 찹쌀풀을 사용하지 않아도 된다. 여름 김치는 밀가루풀로 만들어도 제맛을 내기 때문이다. 석박지나 깍두기는 실온에 1~2일 둔 뒤 김치냉장고에 넣어두고 먹는다.

배추김치

어머니 손맛 닮은 김치. 김치는 간이 맞고 적당히 익힌 상태에서 딤채에 저장해야 제일 맛있다. 굳이 많은 식재료를 넣는것이 맛 내기의 비결은 아니다.

재료

배추 2포기
굵은소금 2컵
무 1/2개(약 300g)
쪽파 20뿌리
황태머리 육수 2컵
배즙 1/2컵
양파즙 1/2컵

*양념
새우젓 1/3컵
멸치액젓 1/2컵
고춧가루 1 1/2컵
마늘 5톨
생강 1쪽
소금 약간

만드는 법

1. 배추는 겉잎을 떼어내고 다듬은 뒤 뿌리 쪽에서 10cm까지 칼집을 넣는다.
2. ①의 배추를 양손으로 잡고 힘껏 벌려 쪼갠다.
3. 굵은소금은 1컵을 물에 타서 녹이고, 나머지 1컵은 그대로 배추에 뿌린다. 소금물에 배추를 담갔다 건져 배추 속 사이사이에 굵은소금을 골고루 뿌려주면 된다.
4. 배추는 4시간 정도 절인다. 배추가 휘어질 정도로 절여야 간이 알맞게 밴다. 중간에 위아래를 뒤집어서 골고루 절여준다.
5. 무는 껍질째 닦아서 물기를 제거한 뒤 채 썰고, 쪽파는 4cm 길이로 썬다.
6. 새우젓은 건더기를 건져 국물을 짠 다음 다진다. 건더기와 국물은 함께 사용한다.
7. 고춧가루에 새우젓과 멸치액젓, 다진 마늘, 간 생강, 배즙, 양파즙을 넣고 고루 저어 빨갛게 불린 다음, 무채를 넣고 살살 버무려 고춧물을 들인다.
8. 쪽파를 넣고 버무린 뒤 소금과 함께 황태머리 육수(p.211 참조)를 넣는다.
11. 절인 배추는 여러 번 헹궈 물기를 뺀 다음 밑동을 다듬는다.
12. 배춧잎 사이사이에 김치소를 골고루 눌러 넣는다.
13. 김치소가 쏟아지지 않도록 배춧잎 위로 접어 올려 둥글게 감싼다.
14. 김치통에 배추를 차곡차곡 담고 겉잎으로 덮어 지그시 누른 뒤 김치냉장고에서 익힌다.

Tip. 실온에서 2일 정도 익힌 뒤 김치냉장고에 넣고 먹기 시작한다.

백김치

백김치는 배추가 가장 달고 맛있는 계절에 고춧가루 없이 담가 먹는다. 오랜 숙성 기간 필요 없이 바로 만들어 먹을 수 있고, 만드는 법 또한 쉽다. 배추가 소금물에 충분히 잠기도록 중간중간 뒤적여주는 것이 맛내기의 포인트다.

재료

통배추 1통
소금 2컵
파프리카(노랑·빨강) 1/2개씩
무 1/5개(100g)
대파 1대
쪽파 5뿌리
생수 1.5L(넉넉한 양)
소금 약간
뉴슈가 약간

*양념장
멸치액젓 1/5컵
새우젓 1큰술
다진 마늘 2큰술
다진 생강 1작은술

만드는 법

1. 배추는 1/2통으로 잘라 잎에 소금 1컵을 골고루 뿌린 뒤 1시간 정도 절인다.
2. 여분의 소금 1컵과 물을 섞고, 여기에 배추를 담가 절인다.
3. 파프리카는 씨를 제거한 뒤 깨끗이 씻어 3~4cm 길이로 채 썬다.
4. 껍질을 제거한 무는 가늘게 채 썬다. 대파도 가늘게 채 썰고, 쪽파는 3cm 길이로 썬다.
5. ③, ④의 채소와 분량의 양념장을 한데 넣고 잘 섞은 다음, 절인 배추 사이에 골고루 넣는다. 여기에 생수를 1.5L 정도로 넉넉히 붓고, 소금과 뉴슈가를 약간씩 넣어 간을 맞춘다.
6. 김치통에 배추를 차곡차곡 담는다. 실온에서 2일간 숙성시킨 뒤 김치냉장고에 넣고 먹는다.

Tip. 소금물에 배추를 절이는 것은 계절마다 시간을 달리 한다. 겨울에는 6시간 정도, 이외의 계절에는 3~4시간 정도 절이는 것이 좋다.

오이소박이물김치

1년 내내 식탁에 올릴 수 있는 상큼한 김치. 오이를 잘 절여 제대로 발효시키면 국물 맛 끝내주는 별미 물김치를 담글 수 있다.

재료

오이 6개
영양부추 100g
양파 1/4개
무 30g
홍고추 2개
소금 적당량
생수 1L(넉넉한 양)

*양념
고춧가루 2큰술
까나리액젓 1큰술
(또는 멸치액젓)
양파즙·배즙 2큰술씩
다진 마늘 1큰술
다진 생강 1/4작은술

설탕 1작은술
소금·통깨 약간씩

만드는 법

1. 오이는 소금에 박박 문질러 씻어 길이로 3등분한다. 아래쪽을 1cm 남기고 십자로 칼집을 넣어준다.
2. 끓는 소금물에 오이를 넣어 데친다. 푸른 색이 나면 건져서 다시 찬물에 헹궈준다.
3. 영양부추는 씻어서 물기를 제거하고 2cm 길이로 썬다. 양파는 곱게 채 썰고, 무는 채 쳐서 2cm 길이로 썬다. 홍고추는 어슷 썬다.
4. 고춧가루와 까나리액젓을 넣고 버무려 고춧가루 색이 빨갛게 우러나도록 불린다.
5. ④에 다진 마늘과 생강, 설탕을 넣고 소금으로 간한 뒤 배즙과 양파즙, 통깨와 부추, 홍고추, 양파, 무를 모두 넣고 잘 버무려 소를 만든다.
5. 준비한 오이를 헹궈 물기를 완전히 없앤다. 칼집 사이에 소를 꾹꾹 눌러 채워 넣는다.
6. 김치통에 차곡차곡 담고 남은 양념은 넉넉한 양의 생수에 헹궈 붓고 소금으로 간을 맞춘다. 김치냉장고에 넣어 1~2일 정도 익힌 뒤에 먹기 시작한다.

오이맛고추김치

아삭한 식감, 단맛이 뛰어난 오이맛고추를 이용해 바로 만들어 먹는 별미 김치.

재료

오이맛고추 20개
(절임 국물: 물 1컵, 굵은소금 1큰술)
쪽파 30g
무 100g
홍고추 2개
새우젓 1/2큰술

*양념
고춧가루 2큰술
다진 마늘 1/2큰술
다진 생강 약간
구운 소금 적당량

*국물
생수 2컵
구운 소금 1/2큰술
뉴슈가 1작은술

만드는 법

1. 오이맛고추는 흐르는 물에 씻어 건져 물기를 제거해 둔다.
2. 절임 국물에 고추를 담가 1시간 정도 지나면 씻어 건져 물기를 뺀다. 이때 꼭지에서 2cm 남기고 잘라낸다.
3. 쪽파는 다듬어 씻어 2cm 길이로 썬다. 홍고추는 꼭지를 따 칼집을 넣고 갈라 씨를 털어낸 뒤 곱게 채 썬다. 무는 가늘게 채 썬다.
4. 새우젓은 곱게 다진다.
5. 볼에 분량의 양념 재료와 ③을 모두 넣고, 새우젓을 첨가해 소를 버무린다.
6. 오이맛고추는 끝을 조금 남겨둔 상태로 한쪽에 길게 칼집을 낸다. ⑤의 소를 채워 넣고 손으로 꼭꼭 눌러준다. 통에 담는다.
7. 분량의 생수에 소금, 뉴슈가를 넣어 녹인다. 여기에 ⑤의 소를 버무린 양념을 헹궈 섞은 뒤 통에 부어준다.
8. 하루 정도 두어 양념 맛이 배도록 한 다음 바로 먹는다.

Tip. 매운 고추로 만들면 제맛을 낼 수 없다. 따라서 고추 향은 강하면서 단맛 나는 종류를 선택하는 것이 좋으며, 두껍고 단단한 종류가 제격이다. 오이맛고추 대신 아삭고추, 풋고추로 만들어도 좋다.

열무김치

얼갈이와 열무의 비율을 2:1로 맞춘 것이 맛의 비결이다. 풋내를 방지하기 위해 살살 버무려 낸다.

재료

열무 1단(1kg)
얼갈이배추 2단
알배추 1개
쪽파 200g
절임용 굵은소금 1컵

*양념
건고추 3컵
멸치액젓 1컵
다진 마늘 3/4컵
다진 생강 3큰술
고춧가루 1컵
설탕 1/2컵
소금 1/2컵

*밀가루풀
밀가루 1/2컵
물 3컵

만드는 법

1. 열무는 5cm 길이로 썬다. 얼갈이배추, 알배추는 다듬어 반으로 자른 뒤 비슷한 크기로 썬다. 쪽파는 다듬어 씻어 3등분한다.
2. 열무, 얼갈이배추, 알배추를 한 번 씻어 굵은소금 1컵을 뿌려 절인다. 중간에 아래위를 한두 번 뒤집고 2시간 정도 절인 뒤, 찬물에 서너 번 씻어 체에 건져둔다.
3. 건고추에 물을 조금 부어 불린 뒤 믹서에 넣고, 멸치액젓과 마늘, 생강을 함께 넣어 곱게 간다.
4. 분량의 재료를 약한 불에서 저어가며 끓여 밀가루풀을 쑨다.
5. 큼직한 볼에 ③을 넣고 분량의 고춧가루와 설탕, 소금, 밀가루풀을 넣어 골고루 섞는다.
6. ⑤의 양념에 ②의 열무, 얼갈이배추, 알배추, 쪽파를 넣고 가볍게 버무린다.
7. 김치통에 담아 서늘한 곳에 두어 익힌다. 알맞게 익으면 김치냉장고에 보관한다.

Tip. 열무와 얼갈이배추를 함께 섞어 담그면 열무 고유의 쓴맛이 줄어든다. 버무릴 때 손으로 지나치게 많이 치대면 풋내가 나는 것에 주의한다.

알타리무김치

기본적으로 무를 잘 골라야 제맛을 낸다. 여기에 새우젓을 넉넉히 넣어주면 감칠맛 나는 아삭한 김치가 완성된다.

재료

알타리무 2단
절임용 굵은소금 1컵
쪽파 300g

*양념
고춧가루 2컵
멸치액젓 1/2컵
새우젓 3큰술
다진 마늘 1/2컵
다진 생강 2큰술
설탕 1/4컵
소금 1/4컵
양파즙 1/4컵
배즙 1/4컵

만드는 법

1. 작은 칼을 이용해 무와 무청 사이의 지저분한 곳을 깨끗하게 다듬는다. 지저분한 껍질도 살살 긁어낸다. 만약 무가 너무 크다면 반을 가른다.
2. 큼직한 볼에 손질한 무를 담고, 굵은소금을 골고루 뿌려 2시간 정도 절인다. 절인 무는 깨끗이 씻어 물기를 제거해둔다.
3. 쪽파는 3~4cm 길이로 잘라 씻은 뒤 물기를 제거한다.
4. 넓은 볼에 분량의 양념 재료를 한데 넣고 잘 섞는다.
5. ④의 양념에 절인 무와 쪽파를 함께 넣고 버무린다.
6. 김치통에 차곡차곡 담아 실온에서 2일 정도 익힌 뒤 김치냉장고에 넣고 먹기 시작한다.

Tip. 알타리무는 껍질을 모두 벗겨버리면 영양 손실이 큰 데다가 맛도 덜해진다. 깨끗이 씻었다면 껍질의 지저분한 부분만 칼등이나 필러로 긁어내도록 한다. 또 너무 오래 절이면 무의 아삭함이 사라지고 질겨질 수 있다는 점도 체크해두자.

주물 팬인 웍은 볶음 요리나 중국 요리를 할 때 필수다. 단시간에 고열로 달굴 수 있는 장점이 있으며 관리가 매우 중요하다. 내 경우에는 중국 본토 제품 대신 일본산 웍을 기름칠해 오랜 시간 사용하는 중이다.

도구

요리를 하며 사용하는 작고 큰 도구들은 효율적으로, 과학적으로 식자재 본연의 맛을 이끌어내는 중요한 파트너이다. 따라서 요리하기를 즐기는 사람이라면, 내가 무슨 요리를 즐겨 하느냐에 따라 어떤 제품을 사용할지도 충분히 고려해야 한다. 가치 있는 도구에는 충분히 투자할 필요가 있다.

기본 팬은 샐러드마스터의
스테인리스 팬을 사용한다.
7중 바닥으로 되어 있으며,
스테인리스 소재의 팬은 단시간에
재료의 모든 면이 골고루 익는
효율성이 가장 큰 장점이다.

애용하는 냄비는 샐러드마스터.
티타늄 소재는 인체에 들어가도
무해한 특수 소재다. 저수분
요리를 할 때나 탕을 끓일 때,
채소를 데칠 때 꼭 사용하며,
비타민 파괴가 적으면서 가장
맛있는 요리를 완성하도록
도와준다. 가볍고 영구적으로
사용할 수 있는 것도 특장점이다.

내 변함없는 요리 맛을 지키는 비결 중 하나인 조리법은 적절한 온도와 시간 지키기, 여기에 적절한 도구의 매칭이 기본이 된다. 볶음 요리는 열전도율이 높은 주물 웍을 사용하는데, 집에서 만들 때는 온도를 높이고 완전히 달군 뒤 재빠르게 볶아야 완성도가 높아진다.

튀김 요리의 경우 고기는 고온, 채소는 저온에서 튀겨낸다. 탕수육이나 가라아게처럼 바삭함이 생명인 음식은 두 번 튀기는 것이 기본인데, 서두르지 말고 한 김 완전히 나간 뒤 다시 튀기는 것이 중요하다. 굽는 요리 중 육류, 특히 스테이크는 예열과 휴지의 중요성을 놓치면 안 된다. 센 불에서 구운 뒤 휴지(resting)를 충분히 해줘야 육즙이 빠지지 않는다. 생선은 껍데기 쪽부터 팬 바닥에 올려 구우며, 채소류는 살짝 구워 재료 본연의 맛을 살리는 경우가 많아 토치를 자주 이용하는 편이다.

그리고 일상의 요리 도구들. 합리적인 조리와 시간 단축을 위한 필수 도구는 누구나 자신의 조리 스타일과 편의에 맞춰 갖추기 마련이다. 나 역시 요리를 시작하며 하나둘 애용하는 것들이 생기기 시작했는데, 희한하게도 한 번 손에 익은 도구는 더 좋은 기능의 신제품이 나와도 바꿀 생각이 들지 않는다. 내 애용 조리도구를 소개한다.

1. 가장 자주 사용하는 도구는 사이즈별 체망이다.
2. 채칼도 여러 가지를 쓰는데, 특정 채소용으로 분류해 구비해둔다.
3. 알뜰 주걱(실리콘 주걱)은 각종 반죽, 소스를 낭비 없이 소진하게 해줘 경제적이다.
4. 식가위는 좋은 제품으로 구입해 오래 곁에 두고 사용하는 친구 같은 존재이다.
5. 종류별 칼과 식재료 색이 배지 않고 위생적인 도마는 컷코(CUTCO) 제품을 애용한다.
6. 다용도 집개와 공이 달린 솔 모양의 거품기 등 요리를 수월하게 해주는 기능 도구들.

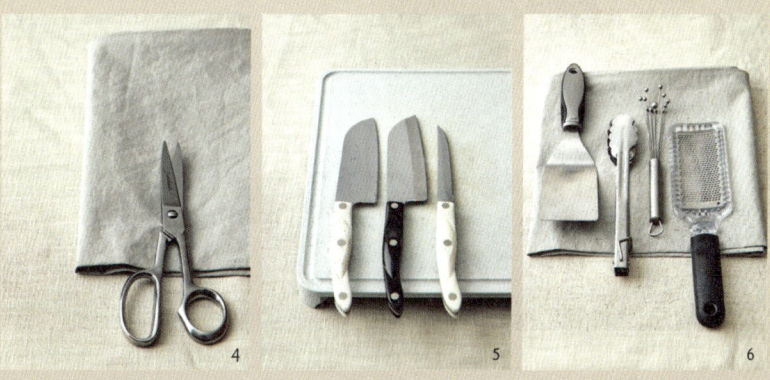

우정욱의 밥 323

epilogue

내 틀을
조금씩 깨가는 시간

20여 년 동안 세 권의 개인 요리책을 출간했고 이번이 네 번째 책이다. 첫 책 <폼 나는 스피드 요리>를 출간한 당시에는 '대치동 요리 선생님'으로 인기 끈 10년간의 메뉴를 집대성하고자 했다. 이후로 정갈한 손님 초대 음식을 위주로 한 책을 2권 선보였다. 모두 확실한 필요성을 갖춘 책이었다. 상황에 맞게 한 권만 있으면 되는 콘셉트였다.

이번 요리책은 시작한 계기가 조금 다르다. 내 일상 메뉴를 총정리해 선보이는 주제인 만큼 메뉴 선정 기준부터 어느 때보다 신중함을 기했다. 수퍼판을 시작한 이후 내가 만드는 음식 역시 상업적 부분이 부각되었을 것이다. 요즘 내 타이틀은 '수퍼판 셰프, 우정욱'. 인정받는 것은 언제나 좋은 일이지만, 단지 '내가 생각하는 요리'에 대한 정수를 지키는 것만큼은 무엇보다도 중요하다.
책 준비를 시작하면서 우선 현실에서 대하는 요리를 모두 잊은 채 생각을 원점으로 돌렸다. 내 일상이자 인생 요리인데 사람들에게 꼭 알리고, 가르쳐주고 싶은 음식은 어떤 것일까.

'생활하며 만들어 먹는 요리'
'누구나 맛보고 좋아할 요리' 그리고
'누구나 해봤을 때 실현 가능한 요리'이다.

이들을 엄선해 소개한 이번 〈우정욱의 밥〉에는 몇 가지 특별한 의미를 담았다. 우선 몇 년 동안 잊고 있던 내 요리들을 다시 한 번 생각하고 정리했다. 상업적 요리가 있고 집에서 만들어 먹을 수 있는, 생활감 있고 실현 가능한 요리가 따로 있음을 새삼 느꼈다. 단순한 레시피의 집대성이 아니라 '엑기스의 집약'이라는 점에 의미를 둔다. 대신 누구나 좋아하는 음식을 선정하면서 건강과 함께 시대가 변해도 뒤떨어지지 않는 트렌디한 맛에 신경 썼다.

또 하나는 담음새와 좋은 그릇이다. 요리에 서툴러도 겁내지 않고 힘들지 않게 차려내기 위해서는 마지막 '플레이팅' 역시 큰 역할을 한다고 생각해왔다. 특히 이번 요리들은 한식, 서양식 상관없이 요즘 내 취향대로 '한국적인 식기'에 담고 싶다는 마음이 컸으며, 소장 컬렉션은 물론이고 이정미 작가, 허명욱 작가, 이윤신 작가, 이영호 작가의 예술성 뛰어난 작품들이 요리와 어우러지는 계기가 되어주었다. 책을 보는 젊은 층 독자도 우리 그릇에 대한 안목을 얻고 더 이른 나이부터 사용했으면 싶은 마음이다. 담음새가 조금 부족해 보일 수도 있겠지만, 스타일링은 평소 내 표현 방식을 그대로 보여주고자 했다(촬영 과정에서 절친인 푸드 스타일리스트 문인영 대표의 도움도 감사히 받을 수 있었다).

편안한 가정식으로 즐기지만 세련된 맛을 잃지 않는 요리. 수퍼판 메뉴를 닮았지만 집에서 매일 맛있게 해 먹는 요리. 식구들과 밥 먹을 때도, 누군가를 초대할 때도 두루 활용할 수 있는 '소장각'이니 이제 요리책에 흥미를 느끼는 사람이라면 이 한 권만 챙겨도 되지 않을까 싶다.

내 가정식 레시피는 다음 세대에도 아낌없이 전하고 싶다. 책을 통해 기본 한식은 물론 우리 양념을 응용한 요리들도 세계화되는 계기가 되었으면 한다. 우정욱 식으로 표현된 요리가 우리 집밥 문화를 즐겁게 만들고 맛의 문화를 넓히며, 외국 사람들에게도 인정받고 사랑받기를 바란다. 그리고 요리라는, 하나님이 주신 달란트(talent)를 계속 발전시키며 보다 많은 사람들과 좋은 맛을 나누는 것이 한결같은 바람이다.

2019년, 우정욱

index.

ㄱ
가자미솥밥 112
가지냉국 183
가츠샌드 140
감자차돌박이 고추장젓국 190
감자치즈수프 154
감잣국 182
감장유소스 돼지고기냉채 068
견과류멸치볶음 226
경장육사 086
고구마순 들깨무침 245
공심채볶음 241
관자를 얹은 곡물샐러드 036
구운가지 소고기무침 242
구운버섯솥밥 114
굴라시 102
굴튀김버섯볶음 076
궁중떡잡채 108
그릴드 버섯샐러드 018
김치들기름찜 222
김치전 224
김치찌개 186
깻잎장아찌 216
꽃게장 271

ㄴ
낙지초무침 269
냉이바지락무침 239
냉이얼갈이국 185
너비아니삼합 078
니수아즈샐러드 032

ㄷ
단호박녹두죽 160
달걀말이 258
닭갈비 296
닭봉강정 294
닭불고기 292
대구지리 198
대보름나물 246
(건가지나물, 건호박나물, 건고사리나물, 무나물,
도라지나물, 콩나물무침, 시금치나물, 시래기나물)
대저토마토와 부라타치즈 049
더덕구이 228
데리야키치킨과 발사믹버섯 072

동파육 064
돼지갈비강정 074
들기름깻잎찜 216
떡갈비 062
뚝배기불고기 206

ㄹ
라구파스타 120
라자냐 124
로스편채 038

ㅁ
마른새우볶음 235
망고와 가지카르파초 044
매운갈비찜 060
맥적 288
멘보샤 082
멸치된장찌개 188
명란감자김치무침 027
명란죽 159
모듬버섯 맑은 수프 146
무말랭이무침 238
무시래기비빔밥 250
무조림 221
무토장국 179
미소고등어조림 268
미역줄기 김치게살무침 244
민어고추장찌개 196
민어조림 088
민어죽 164

ㅂ
바싹불고기 280
발사믹 미트볼 126
배추김치 308
배추속대국 184
배추해물만두탕 203
백김치 310
백명란두부찌개 192
백합어묵탕 200
버섯소스파스타 130
병어조림 270
불고기낙지전골 204
블랙빈소스 소고기 볶음 080
비름나물 고추장무침 252

326

ㅅ
산라탕 150
생땅콩조림 219
석박지 306
셀러리숙주전 040
소고기 토마토절임 샐러드 030
소고기가지찜 283
소고기감자그라탱 122
소고기미역국 176
수제 꽁치통조림 266
순두부찌개 191
스키야키 090
시금치새우수프 148
시금치콩나물국 181

ㅇ
LA갈비 282
아삭 감자조림 256
안초비소스 버섯볶음 054
안초비시소파스타 132
알곤약 어묵볶음 257
알타리무김치 318
애호박채전 225
약고추장 223
양송이버섯 소고기장조림 277
양장피잡채 052
양지머리뭇국 178
어리굴젓 273
얼갈이된장무침 240
여름 초나물냉채 254
연저육찜 066
열무김치 316
오삼불고기 286
오이맛고추김치 314
오이소박이 물김치 312
오징어도라지무침 236
오징어마조림 264
오징어먹물 묵은지 문어리소토 134
오징어진미채 234
오징어찌개 202
완두콩수프 152
요구르트드레싱 콜드파스타 034
우니파스타 128
우엉연근조림 218
우엉잡채 110

월도프샐러드 026
유자소스 영양냉채 050
육전 284

ㅈ
잔멸치강정 226
장똑똑이 276
전복죽 158
전복초 272
제육볶음 291
찜닭 298

ㅊ
차돌박이두부찜 278
참치다다키와 아보카도 042
채소스틱과 안초비소스 048
청국장찌개 189
청포묵편육냉채 022
치킨도리아 136
치킨차우더 153

ㅋ
카레우동 138
커피프렌치토스트 104
콩나물낙지덮밥 118
콩나물해물겨자채 020

ㅍ
팥죽 162
프레시 시저샐러드 028
프렌치어니언수프 156

ㅎ
핫윙 290
항정살 고추장오븐구이 070
해물깡장 194
햄버그스테이크 100
호박새우젓나물 253
호부추잡채와 꽃빵 084
황탯국 180
황태연두부죽 163
황태찜 274
흑임자더덕드레싱 닭고기샐러드 024
흰콩다시마조림 220

철학과 마음을 담다
우정욱의 밥

초판 1쇄 발행 2019년 11월 15일
초판 4쇄 발행 2025년 12월 30일

지은이 우정욱

펴낸곳 책책
펴낸이 선유정
편집인 김윤선

사진 이과용(스튜디오 일오)
디자인 아트퍼블리케이션 디자인 고흐
교정교열 박소영
Special thanks 문인영

출판등록 2018년 6월 20일 제2018-000060호
주소 (03041)서울시 종로구 체부동 173
전화 010-2052-5619

인스타그램 @chaegchaeg
전자주소 chaegchaeg@naver.com

ⓒ 우정욱, 2019
ISBN 979-11-962974-7-3

* 이 책은 저작권법에 따라 보호받는 저작물이므로 무단 전재와 무단 복제를 금지합니다.
  책 내용의 전부 또는 일부를 이용하려면 저작권자와 책책의 서면동의를 받아야 합니다.
* 책값은 뒤표지에 있습니다.

책책은 일상의 행복과 가치에 중심을 둔 단행본 제작, 공간 기획, 그래픽 디자인, 인쇄 등을
포함한 문화와 환경 콘텐츠를 만드는 브랜드입니다.

지은이

우정욱 Woo, Jungwook
좋은 맛을 경험하고 자신의 색으로 특화하면서, 이를 20년 넘게 수많은 지인과 나누고
가르치며 음식으로 교류해온 요리 전문가이다. 1995년 대치동에서 가정 요리 수업을
시작했고 이촌동으로 이어지며 지속적인 인기를 끌었다. 대치동에서는 워킹 맘이 아이를
제대로 챙겨 먹일 수 있는 동서양 가정식을, 이촌동에서는 젊은 주부가 필요로 하는
일상 한식, 일품요리를 가르치며 '명문가 며느리 요리 선생님'이라는 수식어도
붙게 되었다. 한편으로 EBS 요리 프로그램 출연, 일간지 맛 칼럼 연재를 병행하며
'라퀴진', '백설요리원'에서 요리 강사로 활동했고, 외교부에서 주관하는 '한식 세계화'
프로젝트에도 꾸준히 참여해왔다. 2011년부터 요리 컨설팅을 시작해 도곡동 'Cafe TOLIX',
롯데월드타워 'Pub & Grill 1925', 상하이 'Brown 60' 등 다수 레스토랑의 메뉴 컨설팅을
진행했으며, 2016부터 2년간 '마켓 컬리'의 컨설팅과 고문을 맡기도 했다.
2015년 동부이촌동에 다국적 가정식 레스토랑 '수퍼판(SUPERPAN)'을 오픈했다.
이곳 요리는 한 품 한 품 맛의 밸런스를 제대로 지녀, 어떠한 조합으로 주문해도
조화로운 한 상이 된다. 이것이 식당을 다시 찾게 하는 원동력이자 우정욱 요리의 매력이다.
그는 먹고 감동하고 이해한 맛들을 자신만의 새로운 요리로 재해석해 모임에서,
식당에서 선보인다. 이렇듯 '일상의 좋은 맛을 공유하자'는 마음과 철학을 담아
이번 책 〈우정욱의 밥〉을 집필하게 되었다. 저서로는 〈맛있는 우리집 초대요리〉(공저)
〈폼 나는 스피드 요리〉〈맑은 날, 정갈한 요리〉〈따끈한 국물〉〈좋은 사람, 행복한 요리〉가 있다.